ピースボートの一員として105日間を過ごした「オーシャンドリーム号」35,265t〈P.16〉

マヤ最高の４号神殿70m登頂。天に向かう神々しいティカルの神殿遺跡群。「夢のようだ、ありがとう Mai さん！」〈P.116〉

船長さんとの記念撮影〈P.17〉

眼下に広がる熱帯雨林と神殿遺跡群〈P.116〉

操舵室にて大海原を見る

３棟の56階のビルの上に船型の巨体が乗るホテル「マリーナベイ・サンズ」を遠景に（シンガポール）〈P.19〉

朝６時ノルディックウォーキングに参加〈P.18〉

聖フランシス教会。ヴァスコ・ダ・ガマが埋葬されている（コーチン・インド）〈P.22〉

水彩画教室の初回レッスン〈P.18〉

スエズ運河の橋上には日本国旗とエジプト国旗が翻っていた〈P.25〉

前方にスエズ運河、左がエジプト、右がシナイ半島〈P.25〉

アクロティリ古代遺跡・サントリーニ島（BC1500年頃）〈P.26〉

パフォス遺跡モザイクアート（キプロス）（BC2～AD4世紀）〈P.26〉

アクロポリスのパルテノン神殿〈P.34〉

ジェロニモス修道院（リスボン・ポルトガル）

古代アゴラ・テセイオン神殿。パルテノン神殿の西麓にある〈P.36〉

ユーラシア大陸最西端のベレンの塔（リスボン・ポルトガル）

円形闘技場（2世紀）。遺跡の上に現在の街がある（カタニア・イタリア）〈P.42〉

第二次世界大戦後に復興した世界遺産の街ル・アーヴル。公園のような広い通り(フランス)〈P.46〉

17世紀の帆船でグダンスク港より市街へ(ドイツ)〈P.54〉

水彩画にしたかったブルージュの風景(ベルギー)〈P.53〉

船内メインレストランの愛すべきスタッフさんたちと〈P.65〉

ストックホルム市庁舎内ノーベル賞授賞式場(スウェーデン)

孔雀時計。時を知らせる度にぐるりと回って羽を広げ、そばの鶏はくちばしを開いて時をつげる（1780年製作）

レンブラント「放蕩息子の帰還」。印象に残った絵画の一つ〈P.72〉

ヴァルデミュンデからヴィスマールへ鉄道で行く（ドイツ）〈P.80〉

エルミタージュ美術館内〈P.71〉

エルミタージュ美術館内〈P.71〉

元老院広場・大聖堂（テンペリアウキオ教会）をバックに（ヘルシンキ）〈P.78〉

フォルケ・ホイスコーレは1844年設立。自由な雰囲気、自然の中で文字より言葉、対話や経験を重視する全寮制の学校（デンマーク）〈P.85〉

世界遺産ヴィスマール歴史地区。ハンザ最盛期の重要同盟都市（ドイツ）〈P.82〉

ネーロイフィヨルド。絶景の中を行く〈P.94〉

ソグネフィヨルド。絵葉書のように美しい流れ落ちる幾筋もの滝と風景（ノルウェー）〈P.94〉

ケープフェアウェル沖の流氷〈P.101〉

シングヴェトリル国立公園の「ギャウ」。毎年2～3㎝ずつ広がっている（アイスランド）〈P.98〉

ベネズエラの学校訪問。小学生中学生、職員の皆さんに歓迎してもらう

パナマ運河通航。カリブ海から太平洋へ
〈P.101〉

1号神殿(高さ51m)。天上の神々に近づこうと、ひたすら高い建造物を築こうとした。急勾配な階段で登頂禁止

ティカル遺跡群。16㎢に3000もの大小建造物がある(最盛期は3～10世紀)(グアテマラ)
〈P.113〉

正四角錘型のピラミッド(高さ30m、600年頃建造)

中央広場

アリゾナ記念館の下には「戦艦アリゾナ」が沈んでいる。慰霊の深い祈りが訪れる人々からも伝わってくる

アリゾナ記念館の慰霊塔（ハワイ）

ハワイ大学構内にて

アリゾナ慰霊塔には全戦死者名が刻まれている

お別れ晩餐会はスタッフ全員でおもてなし

地球一周してみたら

聞こえた大自然と人々の鼓動

溪 逸哉
Tani Itsuya

87回クルーズ My World Map

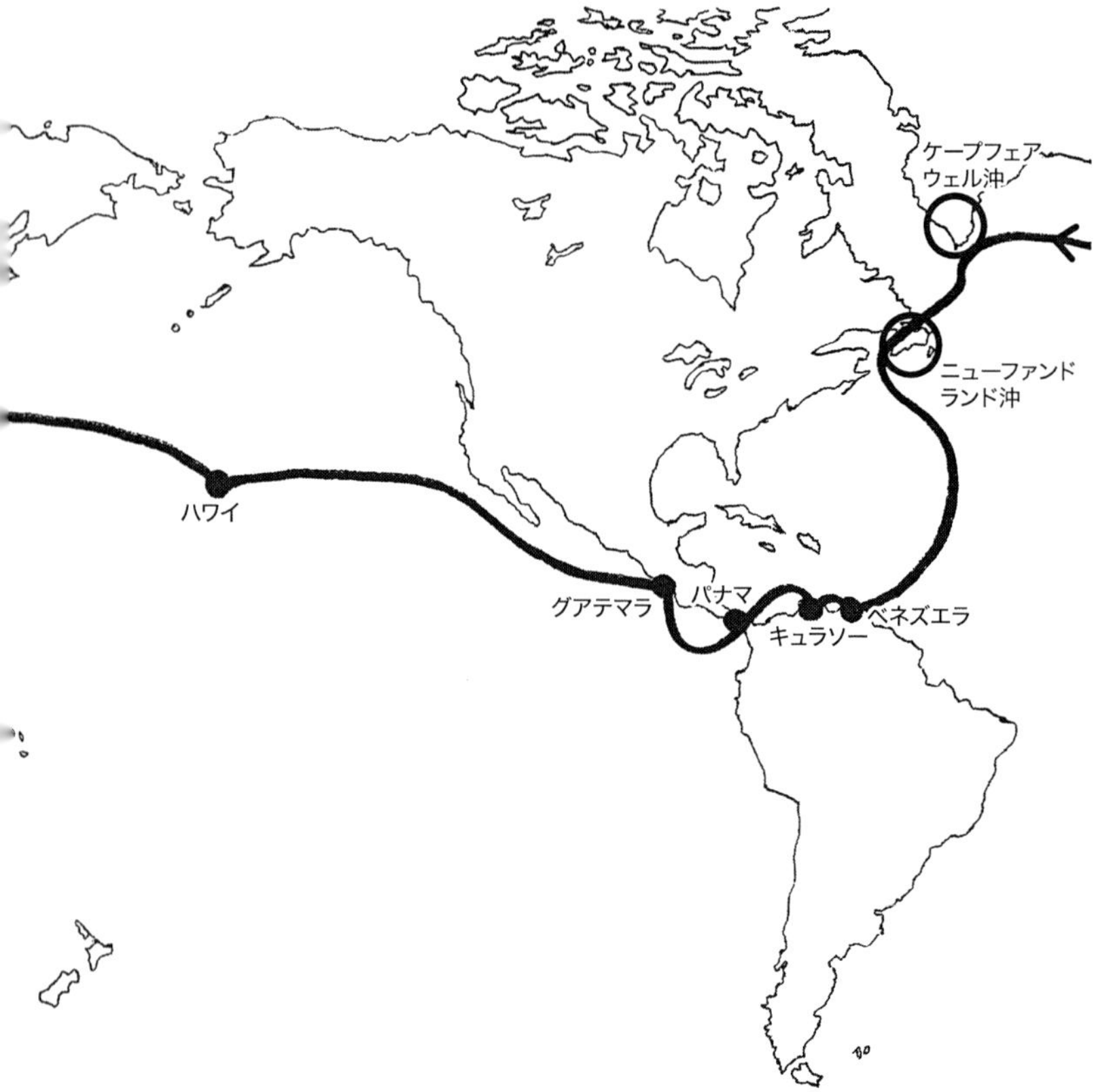

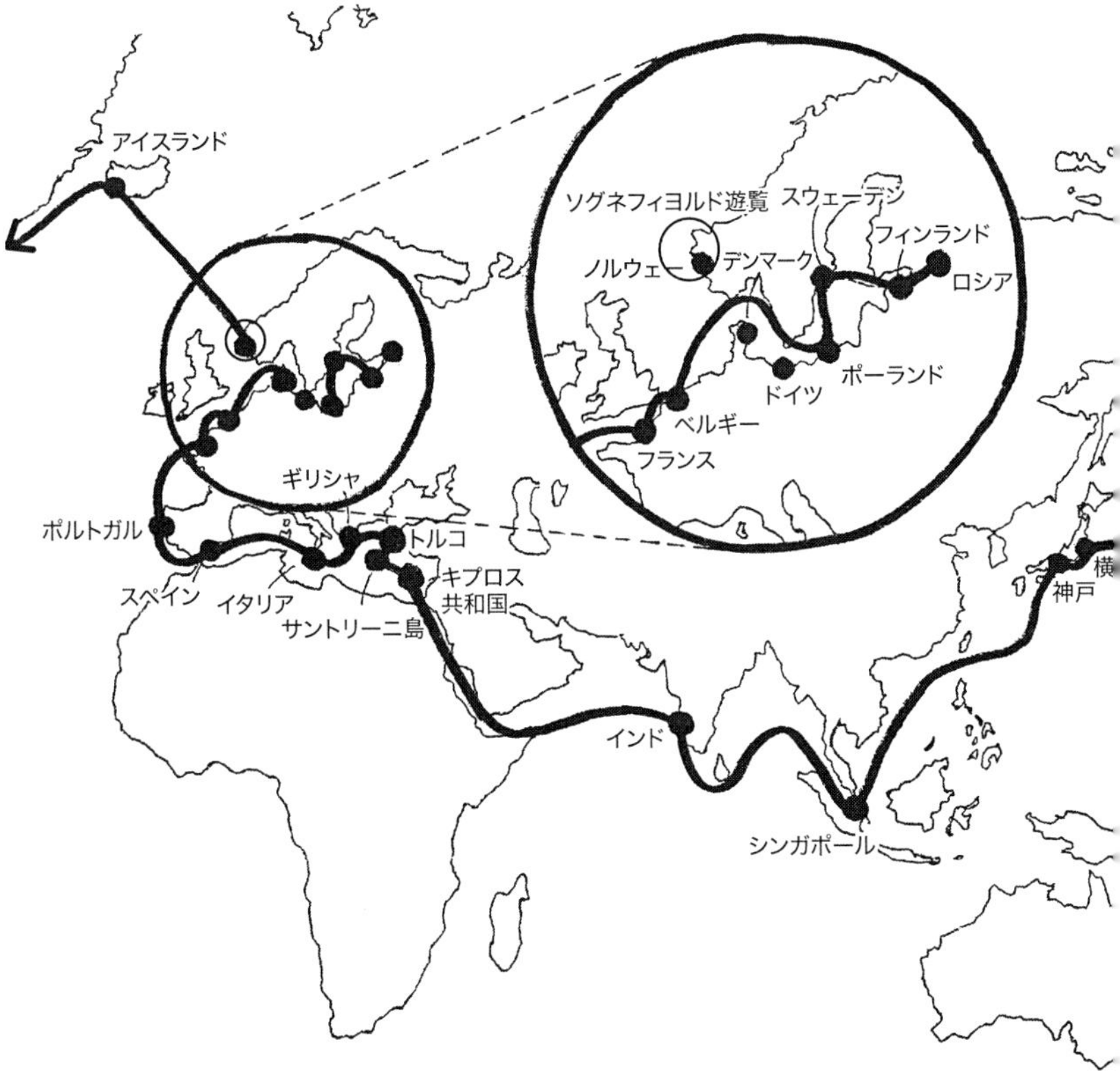

ピースボートの地球一周航路図

目　次

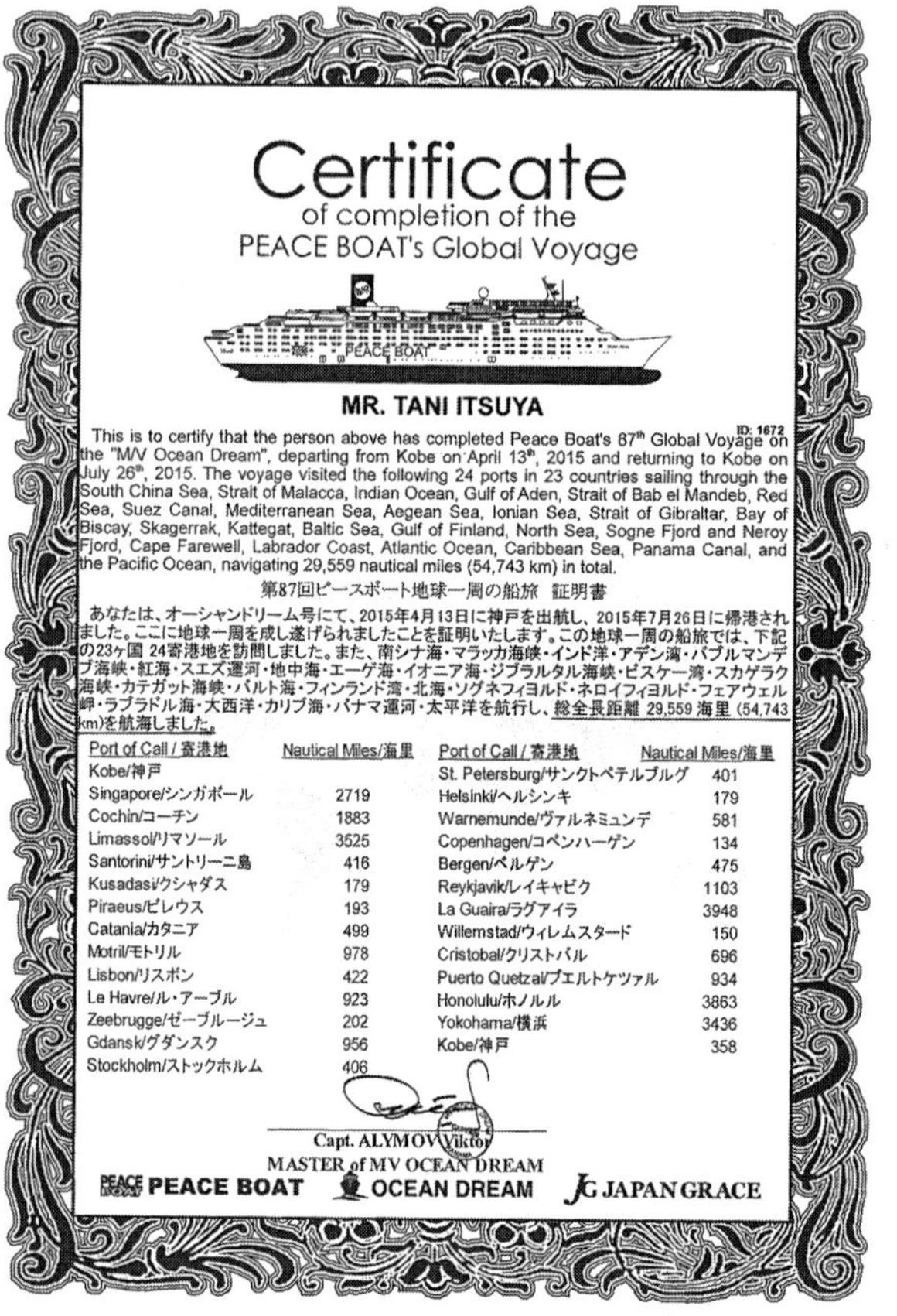

Certificate
of completion of the
PEACE BOAT's Global Voyage

MR. TANI ITSUYA

ID: 1672

This is to certify that the person above has completed Peace Boat's 87th Global Voyage on the "M/V Ocean Dream", departing from Kobe on April 13th, 2015 and returning to Kobe on July 26th, 2015. The voyage visited the following 24 ports in 23 countries sailing through the South China Sea, Strait of Malacca, Indian Ocean, Gulf of Aden, Strait of Bab el Mandeb, Red Sea, Suez Canal, Mediterranean Sea, Aegean Sea, Ionian Sea, Strait of Gibraltar, Bay of Biscay, Skagerrak, Kattegat, Baltic Sea, Gulf of Finland, North Sea, Sogne Fjord and Neroy Fjord, Cape Farewell, Labrador Coast, Atlantic Ocean, Caribbean Sea, Panama Canal, and the Pacific Ocean, navigating 29,559 nautical miles (54,743 km) in total.

第87回ピースボート地球一周の船旅　証明書

あなたは、オーシャンドリーム号にて、2015年4月13日に神戸を出航し、2015年7月26日に帰港されました。ここに地球一周を成し遂げられましたことを証明いたします。この地球一周の船旅では、下記の23ヶ国 24寄港地を訪問しました。また、南シナ海・マラッカ海峡・インド洋・アデン湾・バブルマンデブ海峡・紅海・スエズ運河・地中海・エーゲ海・イオニア海・ジブラルタル海峡・ビスケー湾・スカゲラク海峡・カテガット海峡・バルト海・フィンランド湾・北海・ソグネフィヨルド・ネロイフィヨルド・フェアウェル岬・ラブラドル海・大西洋・カリブ海・パナマ運河・太平洋を航行し、総全長距離 29,559 海里 (54,743 km)を航海しました。

Port of Call / 寄港地	Nautical Miles/海里	Port of Call / 寄港地	Nautical Miles/海里
Kobe/神戸		St. Petersburg/サンクトペテルブルグ	401
Singapore/シンガポール	2719	Helsinki/ヘルシンキ	179
Cochin/コーチン	1883	Warnemunde/ヴァルネミュンデ	581
Limassol/リマソール	3525	Copenhagen/コペンハーゲン	134
Santorini/サントリーニ島	416	Bergen/ベルゲン	475
Kusadasi/クシャダス	179	Reykjavik/レイキャビク	1103
Piraeus/ピレウス	193	La Guaira/ラグアイラ	3948
Catania/カタニア	499	Willemstad/ウィレムスタード	150
Motril/モトリル	978	Cristobal/クリストバル	696
Lisbon/リスボン	422	Puerto Quetzal/プエルトケツァル	934
Le Havre/ル・アーブル	923	Honolulu/ホノルル	3863
Zeebrugge/ゼーブルージュ	202	Yokohama/横浜	3436
Gdansk/グダンスク	956	Kobe/神戸	358
Stockholm/ストックホルム	406		

Capt. ALYMOV Viktor
MASTER of MV OCEAN DREAM

PEACE BOAT　OCEAN DREAM　JG JAPAN GRACE

地球一周証明書

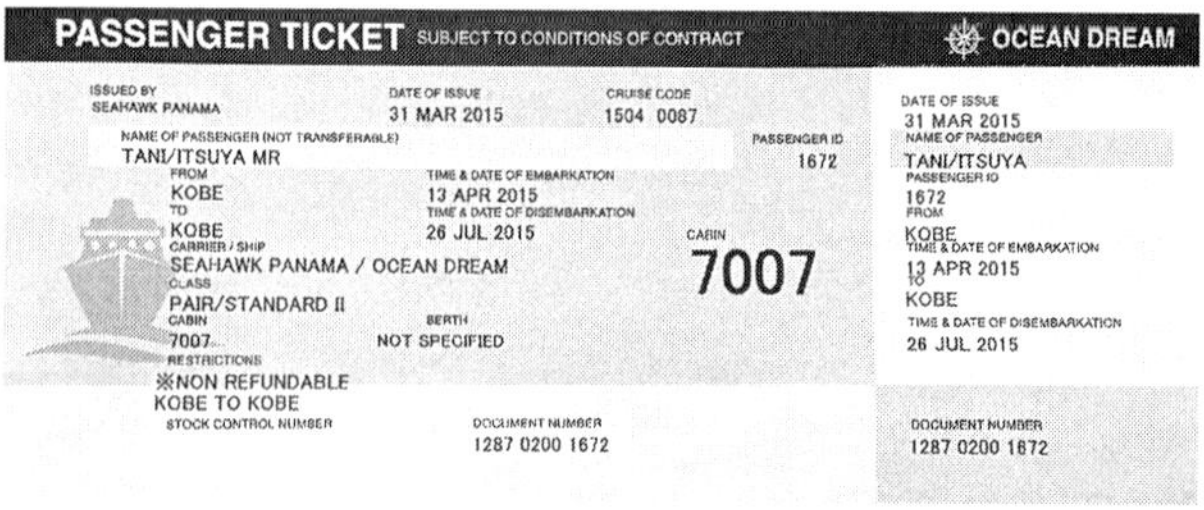

PASSENGER TICKET SUBJECT TO CONDITIONS OF CONTRACT　OCEAN DREAM

ISSUED BY
SEAHAWK PANAMA
DATE OF ISSUE
31 MAR 2015
CRUISE CODE
1504 0087
NAME OF PASSENGER (NOT TRANSFERABLE)
TANI/ITSUYA MR
PASSENGER ID
1672
FROM
KOBE
TO
KOBE
TIME & DATE OF EMBARKATION
13 APR 2015
TIME & DATE OF DISEMBARKATION
26 JUL 2015
CABIN
7007
CARRIER / SHIP
SEAHAWK PANAMA / OCEAN DREAM
CLASS
PAIR/STANDARD II
CABIN
7007
BERTH
NOT SPECIFIED
RESTRICTIONS
※NON REFUNDABLE
KOBE TO KOBE
STOCK CONTROL NUMBER
DOCUMENT NUMBER
1287 0200 1672

DATE OF ISSUE
31 MAR 2015
NAME OF PASSENGER
TANI/ITSUYA
PASSENGER ID
1672
FROM
KOBE
TIME & DATE OF EMBARKATION
13 APR 2015
TO
KOBE
TIME & DATE OF DISEMBARKATION
26 JUL 2015
DOCUMENT NUMBER
1287 0200 1672

地球一周105日間のチケット

はじめに

「地球一周の船旅」は私（妻）の憧れでした。果てしなく広がる大洋、どこまでも続く水平線、未知の世界への誘い。だからと言って、豪華客船に乗り、フォーマルドレスを着てディナーやダンスパーティーを楽しむなどは私には不相応……。ただ日常からの解放と気楽に見聞を広めることができればいい……。そんな素朴な私の船旅の提案に、夫（溪逸哉《たにいっや》）は術後で高齢で体力も衰えてきているにもかかわらず、即座に快く賛同してくれたのでした。

私たちはこれまでにも間隙を縫って、国内外のパック旅行に出かけてきました。旅では宿泊を伴う場合、まして今回のような長期の船旅では、血縁者、中でも夫婦が最も気楽な相棒です。無口でいても機嫌が悪いとか怒っているとか詮索されなくてもいいし、自分たちの船室に戻れば、気兼ねせず解放されますから。「いよいよ船旅に……」。けれども貴重な時間や貯えを費やすのですから、できるなら思い出に残る今までの旅の集大成に、そして元気で在ることができるなら、これからの人生の再出発にもしたい……。

出発の一年くらい前に、ツアー会社から「二十四寄港地のオプショナルツアーのご案内」という分厚いカラー冊子が送られてきます。魅力的な現地の風物、明るく活動的な人々などの写真がいっぱい。一寄港地十種類以上のオプショナルツアーがあります。気候、治安など丁寧な解説とともに「料金」も記載されています。

私たちにはまずは歩行少なめ、そして内容は充実、それに倹約も重要です。治安のいい所はできるだけ自由観光にする。そのためには詳細な情報や地図が要ります。早速、夫は図書館で、全二十四寄港地の『地球の歩き方』や『世界史年表』などを借りてきてコピーをとったりしながら、「資料作り」を始めました。

実際、出港後は毎日多彩な企画があふれていて、自室にとどまっているのは惜しく感じられました。もっと最初から船内企画に積極的に意欲的に参加すればよかった……。

私たちはもう一度ピースボートの船旅に参加するつもりで「申し込み」をしておりました。しかし……、夫の病が再発し、再起できませんでした。たぶん今ごろ、彼は彼方で次の船旅で訪問する国々の歴史や文化、地図などの資料作りに余念がないのではないかという気がしております。いつの日かまた、「地球一周の船旅」に参加するという希望を抱き、平和な地球の未来を祈りつつ……。

編者　溪　久（妻）

※本書は夫が「エッセークラブ」の輪読会のために書き残していた原稿を集成したものです。「船旅」を無事に終えての彼の想いを感じていただければ幸いです。

1

乗船の動機はリハビリ!?

――目標は三時間三十分徒歩のティカル遺跡

第八十七回ピースボート地球一周、二〇一五年(平成二十七)四月十三日~七月二十六日(北半球の最も日照時間の長い時季、一〇五日間)、神戸港発着の船旅に参加した。寄港地はピースボートの過去最多二十四港であった。

なぜ無謀にも、「船旅」という贅沢な旅行を思い立ったのか、ひとえに妻の発案だ。もっとも今までの旅行という旅行は、国の内外を問わずすべて妻の発案なのだから、あえて強調するまでもないのだが……。平素は爪に火を灯すように、こまめに部屋の照度を落とし暖房を消して倹約に気を使いながら、突然身分不相応な贅沢な選択をして驚かすのが妻のやり方なのである。妻は、私どもの生涯の一大行事である船旅にそれなりの理由を設けているようだが、私は私なりにこの旅を、「生活習慣の立て直し」「リハビリの再構築」「趣味の再発見」の契機にしようと考えた。訪問する二十四か国のほとんどは、パック旅行ではあったが既に旅行済みだ。だから未訪問の国や遺跡に魅かれての旅行ではない。

私は、二〇一三年（平成二十五）三月に胃の全摘出手術を受け、同年八月には後縦靭《こうじゅうじん》帯骨化症《たいこつかしょう》（国指定の難病）で頸椎《けいつい》の第一から第六までを切り開き神経を解放するという大手術を受けた。これは頸椎の中の靭帯が骨化し神経を損傷するという原因不明の病気で治療法が無く、すでに左半身の神経障害を伴うから、歩行のリハビリ訓練が必要であった。実は、この私の二回目の頸椎手術のための入院の間に、妻も右股関節と左膝関節の人工置換手術を受けていた。私は滋賀医科大学付属病院、妻は吹田市民病院と、夫婦共に入院していたのである。したがって妻の退院後は、二人で一列になりエッチラオッチラと毎日リハビリ・ウォーキングをするのが日課になった。

通常は夫婦で散歩する場合、夫が前方を歩くようであるが、私どもの場合はどうしても妻が前になる。妻は、術前には激痛で立っていること自体が困難であったのだが、術後の回復力には実に力強いものがあった。もっとも妻に言わせれば、日常の生活の質そのものが違うと言う。つまり不自由でも辛くても毎日炊事・洗濯・掃除があるではないかと言うのである。それには一言もない。

そして、この二人のリハビリは、私の糖尿病に劇的な効果をもたらした。半年を経《へ》るとヘモグロビンA1Cは6・3から5・9へと健常者並みの数値となった。

しかし、この規則的リハビリ・ウォーキングは長続きしない。私は生来怠け者である。大手術後も怪我と一緒で、リクライニングの椅子に寝そべって、何か気楽な小説を読んでいれば、この世はまさに極楽というものだ。加えて胃を摘出したため、食後にダンピング症状などがあり、一定時間の安静が必要だ。これが怠け癖を助長するきっかけとなりがちだ。

果たして十二月中頃には、風邪などを理由にたちまち朝は十時頃起床、ひねもす怠ける状態となってしまった。半年間のリハビリなど元の木阿弥となるのには、二か月もかからない。だから、生活習慣やリハビリ習慣のしっかりとした確立のためには、ある程度の強制を伴う外的条件がどうしても必要であった。昨年（二〇一四年〈平成二十六〉）退院後の二月に妻が船旅を提案した時、直ちにこれに賛同し即刻申込手続に入ったのは、いつもながらの衝動的な我が家の流儀もさることながら、こうした私の性情に対する自信の無さ、精神的状況が背景にあった。

先に、この船旅は「未訪問の国や遺跡に魅かれての旅行ではない」と書いた。しかし、今回の旅程中に、中米のグアテマラのマヤ最大の遺跡「ティカル観光（徒歩三時間三十分）」があった。ここはまだ未訪問である。マヤ文化についての知識は全く無かったが、なんとなく血なまぐさい印象があり、若干躊躇《ちゅうちょ》するものがあったが、すでにインカのマチュピチュ遺跡などは観光済みだ。中米の密林にそびえる神殿など、マヤ文化は未知の世界複合遺産として、今回の旅行の最大のハイライトと言えば言える。しかも「三時間三十分の徒歩観光」は、私のリハビリの上で、厳しく魅力的な目標ではないか……。

ティカル複合世界遺産遺跡群２号神殿（高さ38m）。左下は中央広場

2 寄港地のオプショナルツアー選択・費用

ピースボートの船旅では、出港のおよそ一年半前に、各寄港地の「オプショナルツアー」の概要が決まる。寄港地ごとにおよそ十種類余りのオプショナルツアーがあり、魅力的な自然や人々にあふれた写真や説明付きの分厚い「ガイドブック」が送られてくる。その後の数か月間、参加者は「ガイドブック」や各地域での説明会を経て、各寄港地でのオプショナルツアーの選択をして、申込日を待つことになる。

去る二〇一四年(平成二十六)七月三十日午前十時、いよいよオプショナルツアーのファックス申込開始の刻限だ。それぞれのツアーには参加人数の制限があるから所定の刻限には申込が殺到するとのことだ。だが、二人で練りに練った十四港のオプショナルツアー(倹約のため治安の良い十港は自由観光とする)を申し込むのに、約五分間控える気持ちがあった。しかし遠慮は禁物だ。後刻、「ティカル遺跡観光キャンセル待ち」の連絡があった。ダメとなると余計に執着が増すものだ。先に読んでいた体験記には、「キャンセル待ちでも根気よく待て」とあったが、「船旅をやめようか」とまで思った。ほどなく「参加ＯＫ」の連絡を受けて、世界がぱっと明るくなった。現金なものだ。

八十歳の仲間が次々と亡くなっていく。あと何年、生きられるか分からない命だ。生活を豊かにする機会を失ってはならない。

費用

今回の旅で払い込んだ金額は、ビザ取得代、ポートチャージ、チップ、オプショナルツアー、保険金代を含め一人当たり二一八万四〇〇〇円であった。船室の窓の有無、二人部屋か四人部屋か、オプショナルツアーの数などで費用は変わる。

参加者合計約一〇〇〇人、その中六十歳以上八〇％、リピーター（乗船経験あり）は四〇％も……。

3

乗船・避難訓練・出航

――洋上は多彩な企画がいっぱい　聞き応えのある講演会

四月十三日(火)、新大阪駅で見送りの娘と合流し「神戸ポートターミナル」のロビーに入る。広い部屋は乗船するらしい人々でいっぱいで、座れる椅子はほとんど残っていない。

海側の大きなガラス戸越しに「オーシャン・ドリーム号」(口絵・iページ)の巨体が迫る。船の最上部の窓が十階で特別室だ。その次の階の縦縞の大きな窓が大ホールなのだろう。とすれば次の階の小窓の列が七階に違いない。部屋の決定は乗船当日まで知らされない。通常の申込者は四~五

神戸ポートターミナル

階であるが、私たちはそれぞれ十万円ずつ上積みして、六〜七階の「窓あり二人部屋」に申し込んであった。したがってうまくいけば七階になる可能性があった。

乗船手続をすると、果たして七階のしかも前から二つ目の「七〇〇七号室」が私たちの部屋であった。進行方向右側で特別室の次に位置する部屋だ。強運この上ない。私たちが入国審査の部屋に入ると、乗船者以外は隔離される。急いで自室の窓から控室のロビーに娘の姿を探したが見つけられなかった。こんなに上等の部屋に入れたことを知らせたかったのだが……。

乗船早々、荷物（先に送った段ボール箱三個は横浜港にて荷積みされ部屋に搬入済み）をほどく間もなく避難訓練だ。船室の「救命胴衣」を持って八階中央ホールへ。出港は十八時、音楽隊の演奏曲が流れ、出航の紙テープが汽笛と共になびく。

翌日は「ウェルカムパーティー」や「オリエンテーション」「船長さんとの乗船記念撮影」（口絵・iページ）など船内生活のパターンを作る行事が並び忙しい。

ピースボート（船名「オーシャン・ドリーム号」）にはプロの芸人による娯楽は無い。その代わり主催者企画の「講演会」や「講座」、乗客企画の趣味・特技を活かした「〇〇会」が多彩で、前日に発行される船内新聞で各自が翌日の予定を決めるのだが、なかなか過密なスケジュールになる。それと最大の特色は寄港地のオプショナルツアーの中に「現地のユニークな学校や地域の人々との交流の場」があることだ。私はツアー選択時には興味が無かったが、参加した二か所が、意外に強く印象に残っている。

「講演会」では、元新聞記者、環境問題の専門家、医者、学者などが入れ替わり乗船して、日常生活では聞けない専門分野の講演をしてくれる。これは聞き応えがある。

体操をはじめ健康管理やヨガなどの講座、パソコン講座、水彩画教室、社交ダンスなど極めて多彩だ。英語やスペイン語の講座もある。また囲碁、将棋、マージャンなども盛んだ。その他ゲスト（乗客）による「謡《うたい》」や「歌」の自主企画がいろいろあって賑やかだ。「リピーター」を惹きつける魅力はこのサークルの人間関係らしい。私はとりあえず朝六時からの「ノルディックウォーキング」（口絵ⅱページ）、「主要講演会」（１０３ページ）と「水彩画教室」（口絵ⅱページ）を生活の柱とすることとした。

4 近代的なシンガポール

四月二十九日神戸を発って九日目、シンガポールに到着。ここは自由行動。

目指すはホテル「マリーナベイ・サンズ」。五十六階建のビル三棟の上に、船型の巨体（空中庭園）が乗っている奇怪な建物だ。

最寄りで地下鉄（切符購入少し難しい）を降り、それを目指してひたすら歩く。途中、湾岸に沿った美しい公園を横切る。広々とした美しい芝生の公園には人影はほとんどなく、道路沿いに点々とあるベンチには、大きなパラソル型テントがあり、その天井には太陽光発電による風を送る巨大なプロペラがゆっくり回っていた。背後には近代的な高層ビルが林立している。たまたま木陰で本を読んでいたサラリーマン風の青年に頼んで目指すホテルを遠景に夫婦の写真を撮ってもらう（口絵iiページ）。

目指すビルの最上階に上る。最上階は全体として「船の形」だが、船首の部分だけが展望台で、後は宿泊客用のプールだ。シンガポールには山が無い。港湾部、高層ビル街、遊

ガーデンズ・バイザベイ

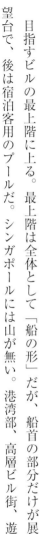

園地など見渡す限り昔の絵地図のようだ。説明文にはハングルが目立つ。コーヒーを飲み、植物園、フラワーガーデンなどを巡る。

十年前にもこの国へ来たことがある。この時は、高卒の巧みに日本語を操る若いジョージというガイドが印象に残った。彼は愛国者だった。「シンガポールの空港は滑走路が二本あるが関空は一本だ（当時）。教育・医療・経済活動はシンガポールの方が日本より上だ。日本は今に没落する。それは若者を見れば分かる。日本の若者は車とスポーツの話しかしない。シンガポールの若者は国の方針で、全員三十歳までに自分の住居を持つことになっている。それで一生懸命に働いている」と自慢げに語っていた。

十年前、教育・医療・経済活動において、シンガポールより日本の方が劣っているとは思えなかった。学力の国際比較であるOECDのPISA調査でも、各教科の首位は日本が独占していた。が、今、シンガポールが一位二位を占め、日本の児童生徒の成績は十位前後に低迷している。

我が滋賀県の学力テストの成績が日本全国の下位であることもあってか、清潔な街並みや、金融等で世界的に特異な地位を占めるシンガポールの話を聞くと、ジョージの指摘は的確であったと思う。第一彼ほど熱心に自国を誇れる若者が、日本にどれほどいるだろうか。教育に係わった者としては憮然とせざるを得ない。

5

コーチン港（インド）

——安心・安全な国

四月二十七日、コーチン港（インド南西部）着。

第一日目は、安かったので「英語ツアー」（聞くだけなら何とか分かるだろうと）に参加し、旧市街フォート・コーチンを観光。二日目は市街地までバスで送迎、近代的市街地を歩いた。

この港は十六世紀以降にはポルトガル、オランダ、イギリスなど、いわゆる世界の覇権を争ってきた先進海洋国の支配を次々と受け、辛酸をなめてきた所であり、それぞれの時代の遺物として教会などの建造物が残されている。

コーチンの伝統漁法・フィッシングネット

例えば、ポルトガルの「ヴァスコ・ダ・ガマ」は一四九八年に喜望峰を回航し大航海時代の幕を開いたので有名だが、後にポルトガル領インドの総督になっている。彼が最初に埋葬された教会（口絵iiページ）の「棺を納めた床」や、オランダ統治時代の建物などが旧市街の観光スポットとなっている。

旧市街はこうした遺物建築の他、古色蒼然とした旧総督府の建造物や、当時の商店を彷彿させるスパイス店、クラシックな織物・布店、古物商などが軒を連ねている。北端の海岸には、大きな網の四隅を十字にロープで結え、長い竿で吊り上げる伝統漁法を見せる一角があり、路上に獲った魚を並べて売っている。

旅を終えてインドを振り返れば、ここは物

安くて便利なリキシャー（三輪バイクタクシー）

価が安い。買い物をここでするのも良いと率直に思う。また「リキシャー」（三輪バイクタクシー）を上手に交渉すれば、安くて目指す目的地へ行けたようだ。どこかの世界的観光都市のように「騙され盗られる国」ではない。

私の興味を引いたのは、「古代フェニキア人」「古代ローマ人」などが交易のためにこの地コーチンを訪れていたことだ。

「フェニキア人」は現在のレバノンを故里とし、紀元前十三世紀頃から地中海各地で活発な商業活動を展開し、各所に植民地を経営した。彼らは貝を用いて紫の染料を発明し交易の目玉としたが、彼らの植民地・カルタゴ遺跡（チュニジア）には今も染色に用いた「風呂跡」が残されていた。我が国の平安時代にも貝で紫の染色をしたとのことだが、フェニキア人の「紫」と関連があるのだろうか。

また「フェニキア人」は、船の建材としてレバノン杉を輸出していたが、地中海沿岸のみならずインド洋に通ずる紅海の沿岸にも輸出していたと何かで読んだことがある。

としても、彼ら古代人が紅海のソマリアから大海インド洋を横断してコーチンまで、現代の大型客船で十日もかかる航路を辿ったとは思えない。やはり陸地を横手に見ながら、交易品を求めてはるばるここまでやってきたのに違いない。恐るべき海洋民族だったと言うべきだ。

6 ソマリア沖通航、海賊出没!?

四月二十七日にコーチンを出港してスエズ運河に到達するのが五月八日。この間にインド洋から紅海に入る。その直前のソマリア沖が海賊の出没海域である。

五月に入ると右舷に日本の「海上自衛隊の護衛艦」が見えた。心強いことだ。航路が新しいステージに入る前に航路説明会がある。海賊対応として、「四月二十九日から一週間、夜間にはオープンデッキは消灯する。立ち入りは禁止。各部屋の厚いカーテンを閉めて光が漏れないように。海賊が出現したら『ブラボー・タンゴ』という合図を三回連続して放送する。その時は「入り口を施錠して鎖を掛け『ドアと窓』から離れること」とのことだった。

つまり「海賊」はまず甲板によじ登り、客室を襲って金品を奪うようだ。日本の海上自衛隊をはじめ主要国が海上警備に就いてから海賊被害は激減して、昨年（二〇一四年〈平成二十六〉）は一件だけだったとのこと。あとで副船長さんから聞いたのだが、今回もおよそ五隻の船籍不明の怪しい船が、やや離れた所にいたようだ。

インド洋では「トビウオ」がよく飛んだ。乗客は何か変わった物が海上に見えると、大勢集まって大騒ぎをする。

船は無事にソマリア沖を通過し紅海に入る。右にシナイ半島、左にアフリカ大陸を眺めながら「スエズ運河」（口絵：iiページ）へと近づく。「スエズ運河」は紅海と地中海を結ぶ世界海運の大動脈だ。もはや十九世紀に開通した「スエズ運河」では、五万トン以下の船舶だけで、今日の大型船舶は通過できない。故に一九六一年、エジプトは、「スエズ運河」拡幅増深のため、「国家プロジェクト」を策定した。全長一六三キロメートル、十年の歳月をかける工事で、挑んだのは「日本の技術」であった。橋上には日本国旗とエジプト国旗が、誇らしげに青空に映えて輝いていた。

7 スエズ運河から地中海へ
――サウジアラビアとエジプト寄港中止

最初の予定では、スエズ運河通航の前に「サウジアラビア」、スエズ運河通航後に「エジプト」に寄港することになっていたが、政情・治安が良くないとのことで中止となった。残念なことだ。代わりにキプロス共和国とサントリーニ島（ギリシャ）観光に変更となった（口絵iiiページ）。

エジプトのあの壮大なギザのピラミッドをもう一度見たかった。「巨大な石をどうして積み上げたか」とても不思議だ。ピラミッドの近くには石が切り出されたままの状態で残されていた。それらは、石のどの面も盛り上がって腹

橋上中央にある日本国旗とエジプト国旗をねらってシャッター！　小さくて残念！

が出ている。積み上げる際にはきれいに削らねばならない。古王朝（紀元前二五〇〇年頃）には、エジプトはまだ「鉄の製法」を知らない。何でどのようにして石を削ったのだろう。

エジプトの壮大な神殿の数々を見てもそう思う。エジプトの観光スポットの一つに「作りかけのオベリスク」というのがあった。巨大な花崗岩に二〇メートル以上もあるオベリスクが「コの字を伏せたように」なっている。「コの字」の背の部分は花崗岩の表面のレベルだ。他の二面が溝になっている。石は羊羹《ようかん》をスプーンで削ったように滑らかで石鑿《いしのみ》の跡すらない。最後の一面はどうして切り離すのか不思議でたまらなかった。古代遺跡は不思議に満ちている。

8 クシャダス港（トルコ）

絢爛たる古代遺跡群エフェソス

五月十二日、クシャダス港に入る。目指すは**エフェソス**の遺跡群（カバー写真）だ。一九九六年（平成八）に一回目のトルコ観光をしたのだが、その絢爛たる古代遺跡に魅せられて、二〇〇五年（平成十七）に、ほぼ同じコースを再度訪れた。その時は目の前の神殿などが、ギリシャ遺跡かローマ遺跡かにこだわりすぎていたように思う。もちろんその時のトルコ一周旅行でも、私にとってのハイライトはここエフェソスだった。

古代にあって、地中海のこの地域で最初に周辺国に国威を発揚したのはギリシャであった。当時地中海沿岸から黒海沿岸までどの地方でも、一大行事を行う時はギリシャの「デルフィの神の神託を求める」のが常であった。

紀元前十一世紀に、その神託によりギリシャ人が最初にこの地（クシャダス）に港湾都市を開いた。しかしその後、アレキサンダー大王の武将リシマコス、エジプトのプトレマイオス朝、古代ローマなどに支配されたため、ギリシャやローマなどの遺跡が混在しているのである。興味を引くのは、古代ローマによりユダヤ人が祖国を追われた後、「聖母マリア」が、「聖ヨハネ」に伴われてこの地を訪れ、余生をここで過ごしていることだ。その場所を示す教会が建てられている。地中海の温暖な風土や大らかな信教の自由など洗練された都会に魅せられたのであろう。

立派な大理石で造られた当時の公衆便所がある。直径二〇センチくらいの穴が大理石に穿《うが》たれ、それがずっと一列に、やがて左手に折れてL字に並んでいる。その下は五メートルもある深い溝であり、当時は水が流されていたという。水洗便所だ。便器と便器を隔てる壁がない。人々は世間話をしながら用便をしていたのであろう。ここでも大勢の奴隷が働かされていたに違いない。観光ガイドは「一度座ってみてください」と言う。大昔から「西洋は椅子方式だったんだなあ～」と変なところに感心してしまう（足腰が弱っているせい）。

ローマ式の風呂がある。風呂の語源となったイギリスのバースにある古代ローマの風呂は、今も満々と水を湛《たた》えていた。地中海沿岸の各地にあるローマ遺跡には円形劇場と共に必ず風呂がある。そこで大量の水を使うため古代ローマは各地に水道橋を建造した。フランスの「ポン・デュ・ガール」など、高さ四八メートル、三層で最下層のアーチの上は現在も道路として使われている。ため息が出るほどすばらしい石組の水道橋だ。とても二千年前の建造物とは思えない。

しかしこの風呂の恩恵に浴したのは一握りの「ローマ市民」という特権階級だけで、庶民・奴隷はひたすら3Kの労働に従事していたのだった。

壮大な図書館の正面入り口（カバー袖上）が復元されている。ここエフェソスからエジプトのクレオパトラに二万冊の図書が贈られたとのことだ。おそらくプトレマイオス朝支配下でのことであろう。

トルコ人のガイドの「エムラ」は日本語が下手くそだ。その上ローマ皇帝のことを「王様」という。

ローマには「王」という職位はなく、「カエサル（シーザー）」の養子「オクタウィアヌス」が内乱を勝ち抜きローマの第一人者になった時、独裁を嫌う元老院は共和制の枠を変えず「尊厳ある者」という意味の「アウグストゥス」という尊称を彼に授与した。以後彼の後を継ぐ者は、自分の名前に「インペラトール・カエサル・アウグストゥス」を付け加えることになる。これは多くの重要な職の兼任者を明確にしたもので、日本では「皇帝」

と訳している。したがって、ガイド・エムラのようにローマ皇帝のことを「王様」などと言われては日本人には通じない。

引率のハワイ出身のマウイにそのように注意したが、彼女は「大学でKING OF ROMEと習ったから、それで良いのだ」と言い張る。マウイは日本語を流暢に話す若い女性だが謙虚さがない。


古代トルコでヒッタイト人は強大な帝国を作っていた。紀元前一二八六年頃、現在のシリアのダマスカス北方の「カディシュ」で、エジプトの「ラムセス二世」の軍隊と激突した。「鉄」と「戦車」を持つヒッタイト軍の圧倒的勝利だった。前回エジプトへ行った時、「ラムセス二世神殿」を訪れた。そこにこの「カディシュの戦い」の大壁画があったが、なぜかラムセス二世軍の大勝利の図となっている。

外国旅行に際し、以前は高校世界史の資料集を手に入れて眺めたものだ。

それによるとラムセス二世はヒッタイトの王に「鉄の製法を教えてくれ」と書簡を出したが、「そんなものは知らない」というのが返信だったそうだ。前回首都アンカラの考古学博物館を訪れたが、ヒッタイト人の鉄の発明についての展示を、ついに発見できず残念な思いをした。

トルコ救国の将軍・ケマル＝アタチュルク

私にはトルコについてもう一つの思い入れがある。それは「初代大統領ケマル＝アタチュルク」だ。「オスマントルコ」は、第一次世界大戦ではドイツに組みして連合軍と戦った。アタチュルクはチャーチル率いる英海軍を破り、ガリポリに上陸した連合軍を破った。大戦後、救国の将軍アタチュルクは新生トルコの初代大統領となるが、イスラム教国でありながら、政教分離、婦人解放、ローマ字の導入などを断行して「近代国家トルコ」の基礎を築いた。

同じイスラム教の国であっても、選挙で選ばれた首相の上に君臨するイスラム教の宗教指導者の話や、無茶苦茶な過激派ＩＳの話を聞くと、彼の偉大さが分かる。彼の霊廟の衛兵を見ていると、彼らがいかに初代大統領を誇り高く敬愛しているかがよく分かった。

9 ピレウス港（ギリシャ）

アクロポリスの丘を目指して

五月十三日、ピレウス港着。滞在時間は十時〜二十二時。

九年前のギリシャ観光で印象に残っていることを挙げれば、アテネのパルテノン神殿（紀元前四〇〇年）と国立考古学博物館、オリンピアの古物屋で買った四クローネ金貨のレプリカ（直径七センチ）、古代の大型聖書の写本などだ。

今回は自由観光、時間に制限があるので観光箇所は欲張れない。

パルテノン神殿

とにかくアクロポリスの丘を目指すこととした。船でもらった資料によれば最寄りの地下鉄の駅まで徒歩三十分とある。しかし私の歩行速度は健常者の三分の一程度であることを思い知った。歩行仲間はたちまち見えなくなった。

アクロポリスの丘・パルテノン神殿

やむをえず「パルテノン神殿」（口絵iiiページ）まで二〇ユーロの約束でタクシーを拾う。気の良い運ちゃんは、はるか遠くの丘の上に神殿が見えてくると「降りて写真に撮れ」と言う。高さ一五〇メートルのアクロポリスの丘は、街並からくっきりと聳《そび》え、頂上に小さく見えるパルテノン神殿はやはり優雅だ。「ギリシャへ来たなぁ〜」と思う。入場口は丘の中腹にある。

タクシーはそこまで送ってくれた。地下鉄を利用すれば麓の駅から歩いて登らねばならない。私の体力を考えれば、往路にタクシーを選んでよかった。

入場口から摩耗した大理石の階段を上る。小学生の団体が幾組もあって、賑やかな子どもたちであふれている。

古代ギリシャの栄光を象徴する「パルテノン神殿」は、建物の周囲一六〇メートル、そこに、高さ一〇メートル、下部の直径二メートルのドーリア式大理石の巨大な四十六本の柱が整然と立ち、世界の近代文明の原点を、天下に宣言しているかのようだ。この神殿は彫刻像や浮彫で、建物全体が一大芸術作品だったという。

文明の質が異なるとはいえ、我が国の「卑弥呼」は、これが建築された頃から七百年近く後に、おそらく土塁か環濠《かんごう》集落《しゅうらく》に拠《よ》ったのであるから、ギリシャの偉大さには脱帽の他は無い。

しかし紀元前五世紀にして既に選挙制度をもっていたギリシャ人は、東ローマ帝国時代を経て一四五〇年にオスマントルコの支配を受けると、「土地を持たぬ小作人」か「奴隷」同様となり、人口も四分の一となってしまう。いかに過酷な生活を強要されていたかが分かる。この神殿も荒涼とした瓦礫の上に、わずかに柱が一本残されるのみだったという。

神殿の西側に、六人の少女を柱とした柱廊が張り出した「エレクティオン神殿」がある。建設はパルテノン神殿と同時期とされるが、少女の優雅さ美しさは絶妙である。うち一体は大英博物館に展示されているとか……。

九年前はパック旅行であったので、アテネ観光は、「国立考古学博物館」と「パルテノン神殿」のみであったが、今回、パルテノン神殿への入場券に「古代アゴラ」（口絵iiiページ）の入場券も付いているのに気がついた。入場口の反対側、アクロポリスの丘の西の麓にある。そこへ立ち寄ることとした。

古代アゴラ＝政治・宗教・経済・学問・芸術の中心地

山道を下る。一度「入場口」を見落とし行き過ぎてしまった。道行く人に尋ねると親切に教えてくれた。雑木や蔦《つた》が茂る斜面を下りると、石垣に囲まれた広い敷地が棚田のように広がる。**「アゴラ」**という言葉は、古代には「政治・宗教・文化施設が集中した所」という意味を持っていた。紀元前六世紀、アテネが当時の都市国家群の中でも強大な力を蓄えつつあった頃、この地が政治・経済の中心地となった。

ギリシャ都市連合軍が、ペルシャの大軍を打ち破った栄光の紀元前五世紀を経て、同じギリシャの都市スパルタと雌雄を決する「ペロポネソス戦争」でアテネが敗れた後も、この地はギリシャの学問芸術の中心地であることに変わりなかった。あの**ソクラテス**や**プラトン**や**アリストテレス**もこの地で活躍した。

紀元前一世紀にはローマの領地に入るが、アテネの繁栄は続いた。古代アゴラの中ほど

アグリッパの音楽堂

に「アグリッパ（古代ローマの武将、前六十三年）の音楽堂」が立っている。あまりに今日的建物だから、当時のものかと疑問に思う。

「アタロスの柱廊博物館」はギリシャの遺跡の中で、ただ一つ完全に復元された建築物という。この地から出土した器物が展示されている。「茶色に黒の絵柄」は、たしかに教科書で見たギリシャ独特のものだ。大柱廊に展示されている胸像は、ギリシャ全盛期の武将・政治家や古代ローマのアントニウスなどだ。

最後にやや小高い丘に建つ「テセイオン神殿」（口絵iiiページ）に向かう。これは丘の上のパルテノン神殿と同じ頃建てられ、それを小型にしたもの。ギリシャで最もよく原型を残しているといわれている。紀元前五世紀の建設当時のままの神殿を直接見て触れることができて感慨無量であった。丘の上のパルテノン神殿の復元にも大いに貢献していることだろう。

ギリシャ語が堪能だった「**パウロ（使徒）**」も、この地に宣教に来てこの神殿を仰ぎ見たに違いない。

アゴラ・アタロスの柱廊博物館

古代アゴラだったテセイオン神殿

10 カタニア港（イタリア・シチリア島）

――遺跡発掘中の街

五月十四日カタニア入港。八年前にシチリア島観光に来た。その時はカタニアを通り越して次の町シラクーサを観光した。今回は自由観光で、この街の「大聖堂」「古代ローマ劇場」「ウルシーノ城（市立博物館）」を中心に巡ることとする。

十時に船を出発し、『地球の歩き方』の地図を頼りに「大聖堂」を目指してひたすら歩く。一本杖を突きながら歩くのは「ひたすら」という言葉を使いたくなるほどくたびれる。街並みには派手な看板も無く、やや古び、さびれて、ビルの一階のシャッターが下りているのが目立つ。エトナ山（活火山）の溶岩を何度も舐め、地下には紀元前のギリシャ遺跡や古代ローマ遺跡が埋まっているという。

やがて大聖堂前に出る。この「**大聖堂**」は一〇七八年から十五年の歳月をかけて建立さ

カタニアの大聖堂（ドゥオーモ）広場

れた壮大なものだ。ローマ遺跡から建材を運び、銃眼が設けられた要塞教会である。伽藍の内部は、信仰を持たない私たちにとってはみな同じに映る。

広場の中央に大理石の大きな台座があり、その上に溶岩を刻んだ「**黒い象の噴水**」がある。その象の上に、エジプトから運んできたという「**オベリスク**」が聳《そび》えていた。これがカタニアのシンボルだそうだ。

「**ローマ劇場**」へ向かう。東西に走る広いヴィットリオ・エマヌエーレ二世通りに面しているはずと思いつつ、つい由緒ありそうな建物のある辻を左折して坂を上る。道行く人に尋ねると指さして「そこだ」と言う。急な坂を左に折れて上ると右手に黒い塀が続く。その塀の隙間から覗くと修復工事中の古代劇場が見下ろせた。ここがローマ劇場だ。しかし入り口が無い。結局広大な劇場の周り

修復工事中の古代ローマ劇場

を一周してようやく入り口に辿り着く。疲れた。エトナ山の溶岩の急な勾配を観覧席に利用して作られた劇場だ。目立つ看板もない入り口だ。

切符売りの老人には英語が全く通じない。彼の言葉も全く分からない。公共施設だから年齢割引があるはずと思いつつ、結局指二本で二人分の料金（五ユーロ×2）を払って中に入る。直径約一〇二メートル、七〇〇〇人を収容したという劇場だ。座席に通じるトンネルのような通路に入る。薄暗い通路は修復中で崩れた壁面から明るい観覧席が見える。トンネル通路から上の階への階段は私たちには急すぎるので、入場口に戻って観覧席を見上げる。

最上部には民家がまだ撤去されずに残って

いる。上部半分は修復工事中、大理石で出来た最下段とオーケストラ（合唱隊が歌い踊る場所）は地下水が満たしていて、透き通った水の中に大理石の柱が縦横に倒れていた。観光客は、私らの他に五人ほどだ。荒涼とした紀元一～二世紀の古代劇場を堪能した。あと何年かすれば、修理工事は完成するだろう。せめてその頃には英語を話せる切符売りを雇ってもらいたいものだ。

ローマ時代の「円形闘技場」（口絵iiiページ）を目指す。左右に由緒ありげな教会がぽつぽつ建っている。坂道の右手が高層住宅ビルになり、その前が階段になって下っている。そこを下りずに坂道を上ると、突然小さな広場に出た。

このあたりに目指す円形闘技場があるはずだが道を間違えたようだ。五、六人の若い男女がたむろしているので家内が道を尋ねると、口々に教えてくれた。有難い、英語だ。

広場を出ると住宅ビルの五階くらいの高さがある。私たちは階段を下りる。若者たちは頭上のフェンスに固まって口々に叫ぶ。

「階段を下りて右折して一つ目の辻を左へ行ってください」彼らの英語はよく分かった。角を曲がって見えなくなるまで手を振っている。若者たちの善意に満ちた、ちょっとした交流だった。彼らの言う通り、そこは広いエトニア通りでその広い道路の真ん中に、黒々とした溶岩で出来た円形闘技場の一部が発掘されていた。闘技場の大半は街の下だ。

この広い通りのマクドナルドで昼食をすまし、「ウルシーノ城」に行く。四隅に巨大な塔を配した城塞だ。中は「市立博物館」になっていてピカソの特別展を開催していた。他に考古学関係の品々やビザンチン期の小版画が珍しいとのことだが、一階の手すり越しに地下を覗かねばならず、よく見えなかった。

「カタニア」の街は紀元前四世紀に隣のシラクーサの僭主に攻められ、人々は奴隷として売られた。十一世紀に建てられた大聖堂も、軍事を想定した要塞教会だった。十三世紀に建築されたウルシーノ城も海岸防衛の要衝だったという。古代はもとより中世にあっても一旦戦いに敗れれば人々は略奪され奴隷にされた。

以前のシチリア旅行時、隣町シラクーサに巨大な大理石の石切り場があり、小さな穴に「ディオニュソスの耳」と説明を受けたが、その意味が分からなかった。今思えば「ディオニュソス」とはギリシャ神話の「酒の神様」ではなく、隣町の僭主の名で、七〇〇〇人の奴隷の会話を盗み聞きして他国の情報を集めていたのだった。近代に入るまでヨーロッパの民衆は酷い生活を強いられていたのだ。

11 ル・アーヴル（フランス）
――第二次世界大戦後に復興した世界遺産の街

「ル＝定冠詞」・「アーヴル＝港」。イギリスの対岸に位置する、第二次世界大戦後に生まれた新しい街なのに、街全体が世界遺産だ。

第二次世界大戦時に、ノルマンディー上陸作戦に続いて、すぐ北隣のこの港街で実施された「アストニア作戦」で、イギリスおよびカナダ軍の艦砲射撃と空爆により、街の八〇％が破壊され、八万人が住居を失った。翌年（一九四五年）から二十年をかけて復興した街だ。世界最初の鉄筋コンクリートの住宅ビルなどの

第二次大戦後、オーギュスト・ペレにより再建された芸術と歴史の街・世界遺産ル・アーヴル

サン・ロック公園

建築と機能的な都市計画が認められ世界遺産に登録された珍しい街だ。復興・再建の中心人物は建築家「オーギュスト・ペレ」。

五月二十三日、九時十五分、街の中心まで送迎してくれるシャトルバスで出発。市役所前が下車地点であるが、降りずにもう一周、街を回って車窓観光することにした。

さてバスを降りると目の前は広大な噴水公園、その向こうに四角形の市役所らしい建物があるのでそこまで行ってみる。本日は休業日でシャッターが降りており、十五、六人の障害児たちのグループがいた。「HOTEL云々」の大きな文字が玄関上に見える。「ホテル」って何だろう、市役所ではないのかと思う。後日、私の船室の向かいの部屋のフランス語の先生に尋ねたら「ホテル」は建造物という意味だそうな。

市役所の右前に大きな屋根があり、その横を通り抜ける。子どもの遊園地だった。雨が降ってもこれなら大丈夫だ。遊園地は「半分が屋内」、「もう半分は屋外」になっていた。

公園のように広〜い道路

遊園地の前の道路（口絵ⅳページ）に出る。この道路が凄い。これだけで世界遺産の価値がある。道幅一〇〇メートルより遥かに広い。真ん中の芝生帯には音も無く電車（トラム）が走る。その両サイドには自動車道が、次の両サイドの芝生帯には背の高い街路樹、そして歩道だ。道路全体が公園のように広々としていて芝生が美しいし、電車もスマートだ。両サイドの建物は一階が店舗で上階は住宅になっている。

この公園道路を左折して「**サン・ロック公園**」に向かう。広い公園は何十メートルもの高木から陽光が漏れ、花壇に色とりどりの花が咲く。ベンチで休む老人を散見する。しばし腰かけて清澄な空気を楽しむ。公園を出る時、野犬避けの小さなゲートを通るが、犬を連れた美しい婦人に、妻が「ビューティフル・パーク」と声を掛けると、「メルシィ」と小声で上品に挨拶を返してくれたと大満足。

広い通りを横切り、「**サン・ジョセフ教会**」を目指す。この教会は一九五一年から七年かけて建てられた「二十世紀建築の傑作の一つ」とされていて、一一〇メートルの塔は街の復興の象徴とされている。この時私たちはトイレを探していた。世界遺産の街にはトイレが無い。この教会にも無かった。「教会にはトイレのような不浄な設備は無かったのかなあ」と思ってしまう。色鮮やかな一万二七〇〇枚のステンドグラスの鑑賞もそこそこに、街へトイレ探しに出る。目に付いた「カフェ」に飛び込み、六ユーロでチョコレート（飲物）二杯とトイレにありつく。

次に、「アンドレ・マルロー近代美術館」を目指す。途中「ノートルダム大聖堂」の前を通り過ぎる。二百年以上かけて造られたパリの「ノートルダム大聖堂」や五百年以上かけられたミラノの「ドゥオモ」などを観光してきた私どもには、建物からくるオーラが物足りない。対等に比較する方が無理と分かっているのだが……。

目指す美術館は海岸近くの芝生の中にあった。この美術館は印象派のコレクションで有名だ。じっくりと時間をかけて楽しませてもらった。

前回はここから「ジヴェルニー」の街へ行き、モネが晩年を過ごした館へ行った。屋敷の前の花壇を横切り地下道をくぐって「睡蓮《すいれん》の池」へ行った。モネは浮世絵のコレクターだが一度も日本へは来ていないに違いない。日本庭園を模して池を掘り、太鼓橋を掛け植樹をしているが、橋も樹木も日本庭園の風情とやや異なっているように思われる。橋は、太鼓のように盛り上がっているが細い建材の欄干なので日本風でない。樹木も柳などよく茂って池の水面の緑を深めてはいるが、かたわらの樹木はやはり洋風に見えた。ただし睡蓮が浮かぶ池は、誠に見事なものだ。手入れも行き届いている。彼が描く「睡蓮」は日本画のように写実的ではないが、水の深みと相まって飽きさせない。前回はこの館で『印象・日の出』の印刷画を買った。モネはこのマルロー美術館の近くで朝もやの港を写生したのだった。

美術館の食堂へ行くと、乗船仲間の二組ほどが昼食中で、ワインを飲んで盛り上がっていた。私らも食事を取ることにした。私はあまり食べられないので、二人用にサンドウィッチ一人前とワイン二杯を注文した。サンドウィッチは十分な量があった（一四・五ユーロ）。

食後ほろ酔い気分で美術館を出る。モネが『印象・日の出』を写生した場所に、その碑が立っているはずと探すが見当たらない。そう言えば、前回もこのあたりを歩いたのに、全く記憶にないのはなぜだろう。

12

ゼーブルージュ港（ベルギー）

中世の水の都ブルージュ

五月二十四日、ゼーブルージュ港着。ここでは有料の送迎バスを利用してブルージュ市内まで行き、**「世界遺産中世の水の都・ブルージュ」**（カバー裏・裏袖）を自由散策する予定である。

ベルギーは、南はフランス、東はドイツ、北はオランダに囲まれ、北海に港を持つ小さな国だ。ブルージュには、十二世紀頃からフランドル毛織物の生産販売で、各国の商人が集まった。十四世紀には「ハンザ同盟」の問屋の役割を果たし、珍しい品物があふれる国際都市として繁栄した。しかし十五世紀頃からブルージュと北海を結ぶ水路が、沈泥のため浅くなり、商船が出入りできなくなり、都市としての機能を徐々に喪失する。そして十六世紀末には、ベルギーで最も貧しい街とさえ言われた。ところが二十世紀に入るや、この街は中世の面影を色濃く残す街並みと、縦横に走る運河とが相まって「北のベニス」と例えられ、国際的な観光都市として息を吹き返して今日に至っている。

ただし、歴史的には、観光や商業活動のイメージ通りにはいかず、「ブルージュの港」は、イギリスの対岸であること、近隣港のように川を遡らずに大型船が着岸できること、北欧の玄関口であることなどの戦略的重要性から、第一次・第二次世界大戦時には、ドイツの潜水艦基地や軍事要塞となって、戦火の洗礼を散々受けたのである。しかし、戦後の造船ブームで活気を呈し、コンテナ港としての実績を積んできているという。


さて、十二時過ぎにブルージュ・バス駐車場着。そこから街の中心に続く「ウォル広場」まで歩き、ここを中間集合場所として、送迎バスのグループは解散する。気候はよし、狭い通りは観光客であふれている。

「聖血礼拝堂」でミケランジェロ作の「聖母子像」を鑑賞する。拝観料は二ユーロ。小ぶりで石膏のように白い母子像はミケランジェロ作とはいえ、芸術鑑賞とするにはやや迫力に欠ける。

運河のほとりのこの聖母教会の一二二メートルの塔を、中間集合場所「ウォル広場」へ至る目印とした。約三時間ばかりの散策開始だ。

ブルージュのマルクト広場

ヨーロッパの古都市の中心地には、その国を代表する広場があるようだ。ブルージュのこの「マルクト広場」（カバー裏袖下）はヨーロッパでも美しさでは五指に入るという。十三世紀から十五世紀頃の建築群だから、日本でいえば鎌倉から室町時代に当たる頃の石造建築だ。広場の真ん中の記念碑の台座に腰かけて四方の建物を眺める。西側には切妻《きりづま》屋根のレストランやカフェが並んでいる。

ブルージュはチョコレートで有名だ。ワサビ、唐辛子など独創的なチョコレート（飲み物）にも出会えるという。店の前のテントの椅子に腰かけて、「珍しいチョコレートでも飲みながら中世のムードをゆっくり楽しむのが良いなあ」と思ったが、一旦カフェに入れば少なくとも三十分は必要だろう。時間的にその余裕はないように思う。ゴチック建築の立派な「市庁舎」の中に入ってみた。丸木の梁《はり》や藁《わら》で編んだ大きな穀物入れ等が並び、中世を演出している。

この街の散策には「宿題」があった。水彩画教室の「写生の対象物」を手に入れることだ。土産店でオモチャのような『めがね台』と鋳物の『中世の騎士像』をとりあえず買ったが、満足できるものではなかった。

市庁舎から運河へ出る。運河沿いにさまざまな出店が賑やかに並んでいる。中に黒ずんだ古道具を並べた店があった。この店をゆっくり眺めて水彩画用の「宝物」を発見したかったが、妻はどんどん歩いて行く。後ろ髪を引かれる思いで後を追う（集合時間が近づいている。先に行ってバスに待ってもらわねば……）。

運河にはさまざまな国から集まった観光客を満載した遊覧船（カバー裏上）が行き交う。遊覧船の客は盛んに手を振るので、岸からも振り返す。船の乗り場は長蛇の列。あらかじめオプショナルツアーに申し込んでおけば、乗船時間がほぼ定められ、優先的に乗れるようだ。

やがて突然運河が消えた。この時、冷静に地図を見て「道」を確認すれば良かったのだが、最寄りの店に飛び込んで目指す教会への道を尋ねた。そんなに遠くないはずなのだが、

郵 便 は が き

お手数ながら切手をお貼り下さい

5 2 2-0 0 0 4

滋賀県彦根市鳥居本町 655-1

サンライズ出版 行

〒

■ご住所

■お名前《ふりがな》 ■年齢 歳 男・女

■お電話 ■ご職業

■自費出版資料を 希望する ・ 希望しない

■図書目録の送付を 希望する ・ 希望しない

サンライズ出版では、お客様のご了解を得た上で、ご記入いただいた個人情報を、今後の出版企画の参考にさせていただくとともに、愛読者名簿に登録させていただいております。名簿は、当社の刊行物、企画、催しなどのご案内のために利用し、その他の目的では一切利用いたしません（上記業務の一部を外部に委託する場合があります）。

【個人情報の取り扱いおよび開示等に関するお問い合わせ先】
サンライズ出版 編集部 TEL.0749-22-0627

■愛読者名簿に登録してよろしいですか。 □はい □いいえ

ご記入がないものは「いいえ」として扱わせていただきます。

愛読者カード

ご購読ありがとうございました。今後の出版企画の参考にさせていただきますので、ぜひご意見をお聞かせください。なお、お答えいただきましたデータは出版企画の資料以外には使用いたしません。

●書名

●お買い求めの書店名（所在地）

●本書をお求めになった動機に○印をお付けください。

1．書店でみて　2．広告をみて（新聞・雑誌名　　　　　　　　　　　　　）

3．書評をみて（新聞・雑誌名　　　　　　　　　　　　　　　　　　　　　）

4．新刊案内をみて　5．当社ホームページをみて

6．その他(　　　　　　　　　　　　　　　　　　　　　　　　　　　　　　)

●本書についてのご意見・ご感想

購入申込書

小社へ直接ご注文の際ご利用ください。
お買上 2,000 円以上は送料無料です。

書名　　　　　　　　　　　　　　　　　　　　（　　　　冊）

書名　　　　　　　　　　　　　　　　　　　　（　　　　冊）

書名　　　　　　　　　　　　　　　　　　　　（　　　　冊）

英語がなかなか通じない。ようやく聖血礼拝堂に辿り着く。

中間集合場所「ウォル広場」は、相変わらず大勢の観光客であふれていたが、私たちのグループらしい人影は無かった。バス駐車場に向かって、橋を渡り森を抜けひたすら歩く。途中、広い運河の向こうに鬱蒼《うっそう》とした林を背に、切妻屋根・赤レンガの優雅な一軒の民家（口絵 ⅳページ）を発見する。「これは絵になる」と直感して慌ててシャッターを切る。運河に映った上品な民家のたたずまいを頭に叩き込んで妻を追う。

駐車場には出発時間の午後四時ぎりぎりに到着してほっとした。

見知らぬ街では、時間配分に気を付けねばならない。歩行困難な者はなおさらだ。どうしても体験するべきことを、予めはっきりとしておくべきだ。修学旅行前に生徒たちに注意していたことを、改めて思い出していた。

13

グダンスク港（ポーランド）

――美しい港街・琥珀通り

グダンスクはバルト海に面したポーランドの美しい港街である。千年以上の歴史を誇り、十四世紀にはハンザ同盟都市として繁栄を謳歌した。旧市街にはゴシック、バロックなど各時代の建物があり、当時の繁栄ぶりを今に伝えている。しかし一方では、隣接するロシア、オーストリア、プロイセンなどの狭間で、国土を削られ、一時はその全てを奪われるなどの辛酸を嘗めてきた国である。

さて、この街を歩くに当たって、私は密かに心に期することがあった。ここは琥珀《こはく》で有名な国である。今回は琥珀の何かをぜひ買いたい。歩く目標は船乗り場から「ドゥーギ広場」「囚人塔」「屋内市場」、「聖母マリア教会」から「マリアッカ通り」を経て運河の「船乗り場」へ戻るコースである。

ところが一筋道を間違えて市内に入り、最初に「マリアッカ通り」を北上することになっ

グダンスクの琥珀通り

た。マリアッカ通りは琥珀の有名店が並ぶ「琥珀通り」だ。道の両側にテントが並ぶ。しかし入国最初から買い物もできない。だいたいの様子を見届けて「囚人の塔」に向かう。

「囚人の塔」は十四世紀に建てられた「街の防衛施設」で、かつて囚人を収監したり拷問したりしたところだ。石牢のような狭い急な階段を上る。今は「琥珀博物館」となっていた。これ幸いと展示を眺めるが、琥珀の原石を見ても品質の良悪《よしあし》を判断する基準すら分からなかった。

この街の「市場」について、ガイドブックには「大抵の物は揃う」とあったので期待して行ってみたが、何のことはない野菜市場と平凡な商店ばかりのショッピングモールで期待外れであった。

帰途、ひっそりとした一軒の商店があり、ガラスケースが目に留まったので、中に入った。素朴で善良そうな中年の夫婦が店番をしていた。ガラスケースの中の「銀の台に金で一筆描いた丸いブローチ」が良かった。一二ユーロだと言う。「ディスカウントしてくれるか」尋ねてみるが言葉が通じない。一五ユーロ出すと「お釣り」が無いと言いつつ、五ユーロ返してくれた。そして金の鎖を付けてくれた。言葉は全く通じなかったが、笑顔が温かかった。良い買物をしたと心から思った。

「マリアッカ通り」に戻り、琥珀を物色する。値段がとても安い店もあるようだ。同じツアー仲間の人が、メインストリートのドゥーギ広場で買ったという琥珀は、皮が剥げて色が無くなったとのことである。店頭で見るからに上品なやや色の濃いブローチが目に留まった。蝶ネクタイのおじさんは、それをケースから取り出して「付いて来い」と言う。テントの後はビルで、半地下が立派な琥珀専門店となっていた。

最初、店主は「一七〇ユーロ」と言った。値切ってみる。「OK、OK」と言いながら、一五〇ユーロに下げてくれた。家内も頑張って値切ったので、そこそこ納得できる値段になった。正直に言えば、安いのか高いのか分からないのだが……。買い物は一種のゲームだから、売り主も含めて楽しければ半分は目的を達したようなものだ。一四五ユーロ

ワルシャワ市民蜂起の群像

（一万九〇〇〇円）で折り合った。店のネーム入りのいかにも高級感のある小さな袋に入れてくれたので、良い買い物をした気分になった。

さて、四日前に我々の船の仲間が、フランスからポーランドへ向けて、二つのオプショナルツアー（五日間）に出発していた。一つは「ワルシャワ歴史地区、岩塩坑などの観光」で、もう一つは「強制収容所アウシュビッツ行き」である。私たちは以前に観光済みなので参加しなかった。

しかしその時、ワルシャワの公園で見た「記念像」が忘れられない。「市民蜂起の群像」である。

第二次世界大戦末期、各地でドイツ軍を打ち破った「ソ連軍」が、怒濤《どとう》の勢いでワルシャワに迫っていた。ドイツ軍からの開放も間近と見た「ワルシャワ市民」は、一九四四年八月一日、ドイツ軍に対して一斉蜂起した。一時的には市街の中心部が解放区になった。しかし――、期待したソ連軍は、街の東を流れるヴィスワ川の対岸まで来て、進軍をぴたりと停止したのだ（「蜂起したワルシャワ市民たちは、将来きっと我々ソ連に、刃向かう者たちに違いない」と考えたからだろう）。

ワルシャワ市民の蜂起は、二〇万人の死者を出し、市内の建物のほとんどを破壊され、蜂起から二か月後、十月二日にドイツ軍に降伏した。公園に設置されている「蜂起する市民たちの像」の目は、黒く穿《うが》たれ、無念さと絶望がひたひたと胸に迫った。

「アウシュビッツ」では三〇〇もの囚人棟の跡が広がり、ガス室の隣に死体焼却炉があった。部屋別に、「メガネの縁の山」「子どもの衣服の山」「大人の靴の山」「子どもの靴の山」「頭髪で織った毛布」「刺青した人間の皮膚を傘に張った電気スタンド」などが展示されていた。また、「移動絞首台」「餓死させる飢餓室」「立ち牢」などの凄惨な殺人工場の施設・設備の数々があった。ここだけで一五〇万人が殺されたという。

船内での映写会『映像の世紀』で、ユダヤの人たちの骸骨さながらの立ち姿や、裸の死

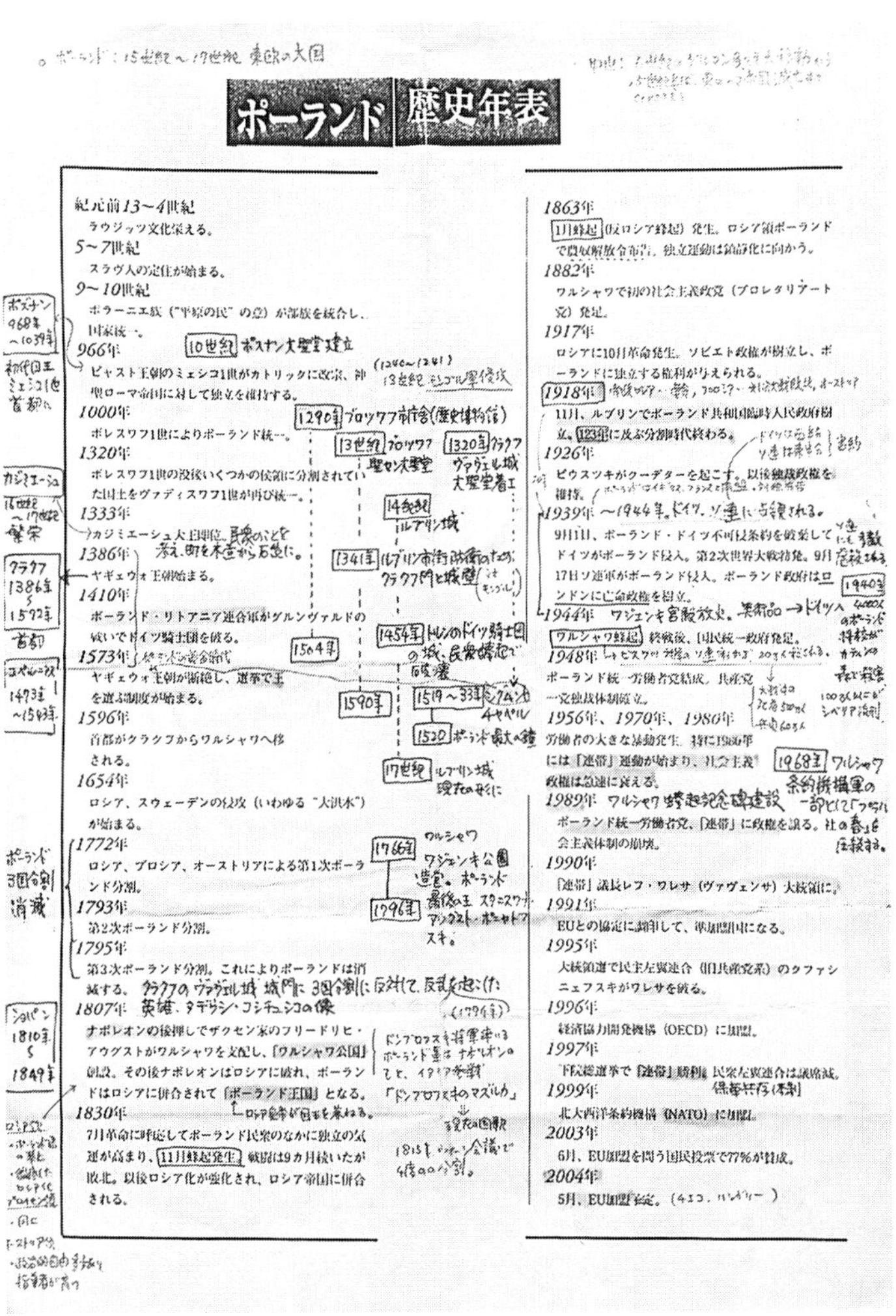

ポーランド 歴史年表

紀元前13～4世紀
ラウジッツ文化栄える。

5～7世紀
スラヴ人の定住が始まる。

9～10世紀
ポラーニエ族（"平原の民" の意）が部族を統合し、国家統一。

966年
ピャスト王朝のミェシコ1世がカトリックに改宗、神聖ローマ帝国に対して独立を維持する。

1000年
ボレスワフ1世によりポーランド統一。

1320年
ボレスワフ1世の没後いくつかの侯領に分割されていた国土をヴァディスワフ1世が再び統一。

1333年
カジミエーシュ大王即位。

1386年
ヤギェウォ王朝始まる。

1410年
ポーランド・リトアニア連合軍がグルンヴァルドの戦いでドイツ騎士団を破る。

1573年
ヤギェウォ王朝が断絶し、選挙で王を選ぶ制度が始まる。

1596年
首都がクラクフからワルシャワへ移される。

1654年
ロシア、スウェーデンの侵攻（いわゆる "大洪水"）が始まる。

1772年
ロシア、プロシア、オーストリアによる第1次ポーランド分割。

1793年
第2次ポーランド分割。

1795年
第3次ポーランド分割。これによりポーランドは消滅する。

1807年
ナポレオンの後押しでザクセン家のフリードリヒ・アウグストがワルシャワを支配し、「ワルシャワ公国」創設。その後ナポレオンはロシアに敗れ、ポーランドはロシアに併合されて「ポーランド王国」となる。

1830年
7月革命に呼応してポーランド民衆のなかに独立の気運が高まり、11月蜂起発生。戦闘は9カ月続いたが敗北。以後ロシア化が強化され、ロシア帝国に併合される。

1863年
1月蜂起（反ロシア蜂起）発生。ロシア領ポーランドで農奴解放令布告。独立運動は鎮静化に向かう。

1882年
ワルシャワで初の社会主義政党（プロレタリアート党）発足。

1917年
ロシアに10月革命発生。ソビエト政権が樹立し、ポーランドに独立する権利が与えられる。

1918年
11月、ルブリンでポーランド共和国臨時人民政府樹立。123年に及ぶ分割時代終わる。

1926年
ピウスツキがクーデターを起こす。以後独裁政権を維持。

1939年
9月1日、ポーランド・ドイツ不可侵条約を破棄してドイツがポーランド侵入。第2次世界大戦勃発。9月17日ソ連軍がポーランド侵入。ポーランド政府はロンドンに亡命政権を樹立。

1944年
ワルシャワ蜂起。終戦後、国民統一政府発足。

1948年
ポーランド統一労働者党結成。共産党一党独裁体制確立。

1956年、1970年、1980年
労働者の大きな暴動発生。特に1980年には「連帯」運動が始まり、社会主義政権は急速に衰える。

1989年
ポーランド統一労働者党、「連帯」に政権を譲る。社会主義体制の崩壊。

1990年
「連帯」議長レフ・ワレサ（ヴァヴェンサ）大統領に。

1991年
EUとの協定に調印して、準加盟国になる。

1995年
大統領選で民主左翼連合（旧共産党系）のクファシニェフスキがワレサを破る。

1996年
経済協力開発機構（OECD）に加盟。

1997年
下院総選挙で「連帯」勝利。

1999年
北大西洋条約機構（NATO）に加盟。

2003年
6月、EU加盟を問う国民投票で77%が賛成。

2004年
5月、EU加盟決定。

ポーランドの歴史年表（資料の一つ）

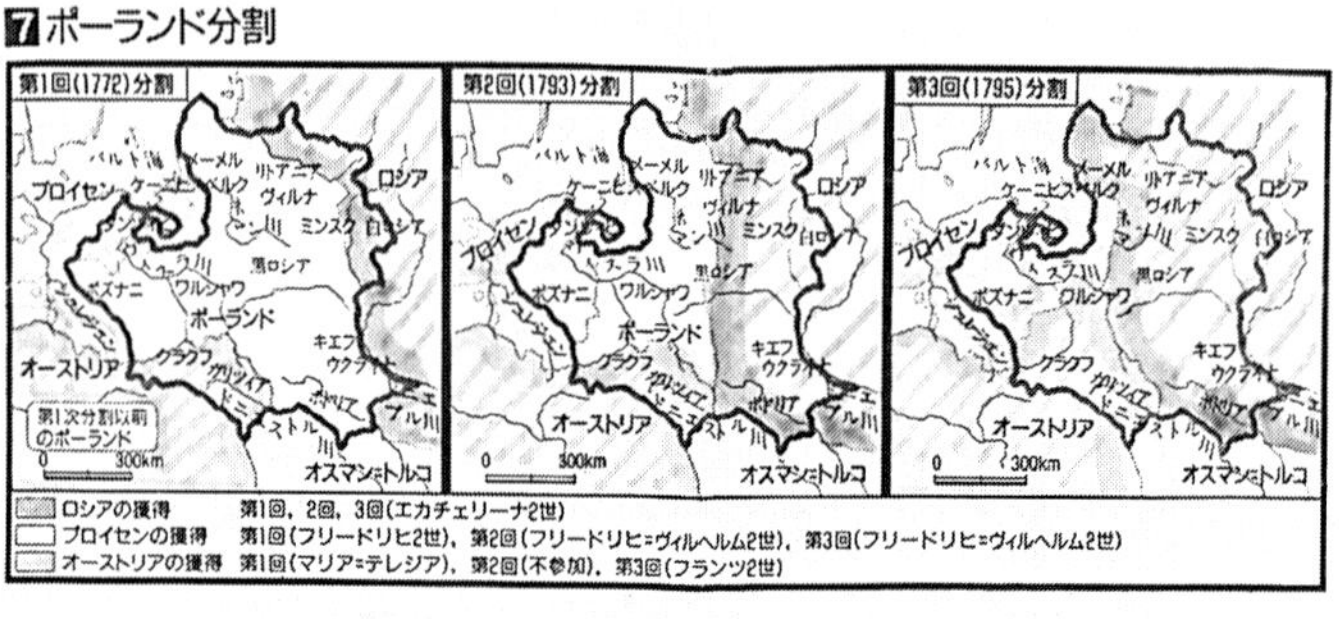

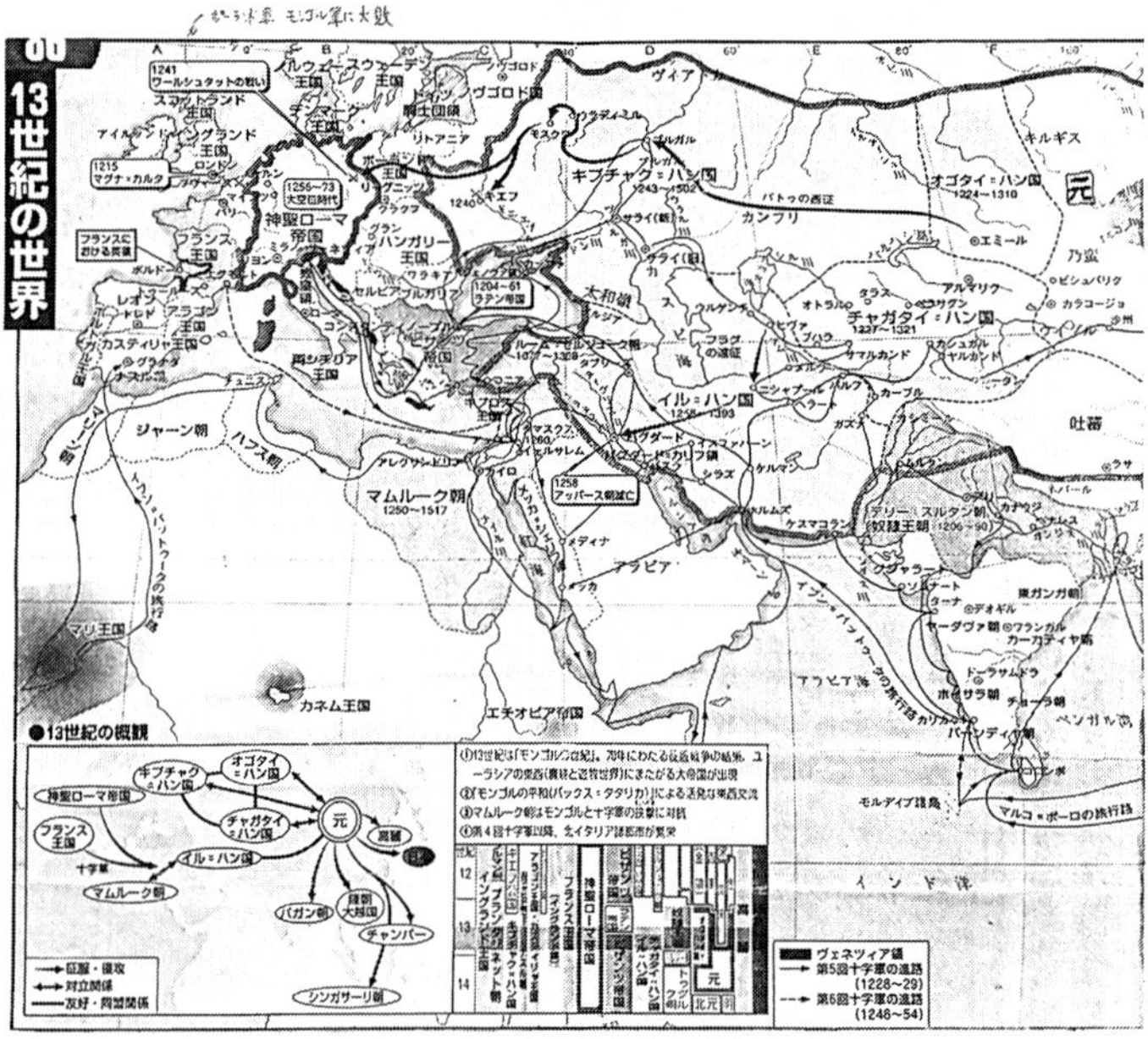

ポーランドの地図（自作資料）

体の山をブルドーザーで処理している映像を見た。

アウシュビッツの日本人の学芸員が案内してくれた時、彼は「日本も同罪です」と繰り返していた。何をもって日本も同罪というのか、果たして日本のどこが「同罪」なのか。

私は彼を許せなかった。

14

船内生活のある一日（二〇一五年六月二日）

船旅一〇五日間毎夕、各部屋に配達される「船内新聞」（Ａ３サイズ両面印刷）により、「翌日の予定」を立てる。

六時～七時「ノルディックウォーキング」

早朝ウォーキングは、十階のオープンデッキで行う。九階の天井は、中央のジャクジー部分だけが吹き抜けになっているから、十階を歩く者は九階を見降ろしつつ船尾まで直進し、船尾のテニスコート・ネットを迂回して、再び十階の反対側まで直進で戻ってくることになる。

私のようにノルディックウォーキング用のポールを持っている人や、徒手で足早に歩いている人もある。ノルディックウォーキングの効用は、一本杖ではどうしても「杖」に体重を掛けてしまい姿勢が悪くなるので、それを避けるにあると思っている。人々はみな、私を追い抜いていく。乗船者千人の中で私より歩みの遅い人はいないようだ。

14　船内生活のある一日（二〇一五年六月二日）

㊀ノルディック・ウォーキング（自主トレ）　㊈身辺整理（自室）
㊂水彩画復習（自主トレ）

87th Peace Boat Global Voyage

リージェンシーレストラン 4階中央／ビュッフェレストラン 9階

- パノラマエリア（9階後方）にてご用意しております。 モーニングコーヒー 6:00〜7:00
- 朝食（ビュッフェ）㊁ 7:00〜9:00
- ※リージェンシーレストラン（4階）での夕食を除き、ご利用いただくレストランの指定はございません。いずれかお好きなレストランをご利用ください。
- ㊆昼食（ビュッフェ） 11:30〜13:30
- パノラマエリア（9階後方）にてご用意しております。 ㊇アフタヌーンティー 15:00〜16:00
- リドエリア（9階前方）にてご用意しております。 夕食（ビュッフェ）18:00〜20:00
- 夕食（セット）㊉ 17:30〜18:30 早めのご夕食 レストランカード【緑色】の方
- 19:30〜20:30 遅めのご夕食 レストランカード【橙色】の方
- 洋上居酒屋「波へい」 17:30〜翌1:00 ラストオーダー 24:30
- 波へいおすすめ 海老天そば おでん カプレーゼ

ブロードウェイ 7階前方

時間	内容
7:00〜9:00	楽器練習広場 (P)ピースボート事務局 楽器練習にお使いください。
9:00〜10:00	Shall we Dance (自)藤さん バンバン、踊りましょう！
10:15〜11:15	㊄世界のドキュメンタリー (P)篠原啓 「決死の密航者たち」〜アフリカからヨーロッパへ〜
11:30〜12:30	なるほど! THE 寄港地 〜ドイツ・デンマーク〜 (P)市塚藍子 ゲストはGETジョン、CCゲーシェ、WEBレポータのチェマです。▼詳細は新聞記事をご覧ください。
13:30〜15:00	エネルギー革命を起こした環境ヒーロー (水)ソーレン・ハーマンセン 「グローバル」から「ローカル」へと地域型エネルギーにシフトした理由とその方法。▼詳細は新聞記事をご覧ください。
15:15〜16:00	フォークダンスはいかが〜 (自)梅 ワルツもしましょう。
19:25〜20:10	㊉歌声の広場 (自)越川浩明 童謡、唱歌、民謡、歌謡曲。
20:30〜21:45	㊉㊁戦後70年 ドイツと日本 (水)伊藤千尋 ▼詳細は新聞記事をご覧ください

ハッピーアワー 17:30-19:00 白夜ハッピーアワー再び！！ マオウビールまたはクルズカンポ(¥280)一本買うと、もう一本プレゼント☆

スターライト 8階前方

時間	内容
6:30〜7:30	ヨガ・ストレッチ① (カ)荒木ひとみ ※ヨガマットをお持ちください。①か②のどちらかにお越しください。
8:00〜9:00	社交ダンス① (カ)後藤京子 ブルース、ジルバ、ルンバ、ワルツ。徹底して覚えます。
	㊃パスポートのお渡し ※IDカードをお持ちください。①10:00〜10:45【レストランカード【緑色】の方】②10:45〜11:30【レストランカード【橙色】の方】▼詳細は新聞記事をご覧ください。
12:10〜13:10	歌の旅人 第2回 (水)伊藤千尋 故郷、北帰行、上を向いて歩こう、見上げてごらん夜の星を。
13:30〜14:30	ヨガ・ストレッチ② (カ)荒木ひとみ ①と内容は同じです。
14:40〜15:05	エヴァ好き集まれ！映像流します④ (自)しゅうぽん TV版第8話「アスカ、来日」を流します。
15:15〜16:00	社交ダンス② (カ)後藤京子 ①と内容は同じです。
19:30〜20:25	ヨーガ健康法 (自)藤井喜代子 体の機能を高めましょう。
20:30〜21:30	ダンス練習広場 (P)山田直弘 北欧でもダンス。ジャズとヒップホップ。少しずつ、楽しく上達。
22:00〜23:00	すべらな〜い話 (P)小島辰也 1時間笑いっぱなしの企画。今夜は、すべらんなあ。▼詳細は新聞記事をご覧ください。
23:20〜24:20	METAL NIGHT (自)まげMETAL Knot,Bodom,Maiden等々。

バイーア 8階後方

時間	内容
6:00〜6:25	キリスト教の祈り会 (自)大崎一郎 旅路の安全と世界平和、家族のお守りを感謝。
7:00〜7:30	24式太極拳 (自)ナンシイ 朝から元気に動きましょう！
7:40〜8:15	CLOSED
8:20〜9:20	ウクレレ教室 (自)しおさん むずかしいコードも楽しく歌って弾こう！
10:40〜11:40	懐かしい映画ファンの集い（3回目） (自)アンちゃん ご要望にお応えして、3回目の集いを。
11:50〜12:50	ハーモニカと一緒に歌おう (自)高橋和夫 懐かしの歌声広場。
13:00〜13:30	第一次世界大戦 X'masのキセキ (P)ステイシー・ヒューズ クリスマスの日、ある兵士たちが起こした奇跡の物語。
13:50〜14:50	群衆と戦争 (P)水口明子 ▼詳細は新聞記事をご覧ください。
15:00〜16:00	テラコヤ♪ (P)ユン・ダイン スウェーデンの若者のビョールンくんと交流しましょう！☆
	船専属バンド生演奏 ジョイ＆アップスタート 1回目 20:00〜20:45 2回目 21:15〜22:00
22:15〜24:00	洋上カラオケ歌広場 ※ドリンクをご注文の方に限り、無料でカラオケをご利用いただけます。

87まるテレビ 船室のテレビ（2ch） 朝8:00〜12:00（リピート放送）

アゴラ 8階中央

時間	内容
9:20〜10:00	南京玉すだれ (自)斉藤昭子 いつも笑顔で。
11:20〜12:20	ピョンのワークショップ② (自)ピョンピョン ワークショップ2回目。紛争解決についてもっと知ろう。
12:30〜13:00	自主企画申請広場 (P)出張裕美/水口明子 6月8日の申請を受付ます。
13:10〜14:00	南京玉スダレソーラン (自)いもりん 南中ソーランも踊っているよ。
14:00〜14:50	団長のベスト10とクイズ⑫ (自)団長 日本、世界地理クイズ180連発。希望ベスト。
15:00〜16:00	十人十色の人模様〜参加者紹介〜 (P)鈴木健児・小島辰也 ▼詳細は新聞記事をご覧ください。
19:50〜20:50	ソーレンとタリンのコミュニティしゃべり場 (水)ソーレン・ハーマンセン タリン・レーン コミュニティパワーを作るために若い世代ができることは？
21:00〜21:30	恋する87カミ (自)映像チーム 映像出演者募集。詳細は企画にて！

㊈全員参加 **航路説明会** 場所：7F前方ブロードウェイ ①16:20〜17:30【レストランカード【緑色】の方】②18:15〜19:00【レストランカード【橙色】の方】

※有料サービスご利用時には、IDカードが必要となります。　(水)=水先案内人企画 (自)=自主企画 (カ)=カルチャースクール企画 (P)=ピ

＜船内施設OPEN時間＞ ※L/C：ラストチェックイン
- ●売店（6階中央）9:00〜12:00/14:00〜18:00
- ●美容室（6階中央）9:00〜18:00
- ●ツアー受付窓口（5階中央）10:00〜15:00
- ●サウナ（10階中央）12:00〜22:00（L/C 20:30）
- ●マッサージルームアママ（10階中央）9:00〜12:00/15:00〜19:00
- ●診療室（4階前方）9:30〜11:30/14:00〜16:00（受診受付は終了15分前ま
- ●ピー

＜バーOPEN時間＞ ※L/O：ラストオーダー
- ●スターライト（8階前方）CLOSED
- ●バイーア（8階後方）18:00〜翌1:00（L/O 24:30）
- ●パノラマ（9階後方）11:00〜17:30（L/O なし）
- ●バーピアノ（8階中央）18:30〜23:00（L/O 22:30）
- ●カサ
- ●波へ

船内生活のある一日（船内新聞2015年６月２日号裏ページ）

2015年6月2日(火)　第52号

第87回クルーズ

船内新聞

87th global voyage newspaper

日の出　3時38分
日の入　21時29分
日の出・日の入の時刻は前後することがあります。あらかじめご了承ください。

6月3日にドイツ・ヴァルネミュンデに寄港します。戦後70年に関連する3つの企画を紹介します。

戦後70年ドイツと日本

今年は日本だけではなく、世界的にも戦後70年を迎えました。伊藤千尋さんの講座では、ドイツと日本の戦後の歩みをお話しいただきます。

ドイツでは「ヒトラーを永遠に拒絶する」ことを掲げ、自らを戒めると同時に、被害者の目線から戦後補償を行ってきました。これまで真摯に努めて来たドイツは、ヨーロッパの中で受け入れられ、その行動には敬意を表することもあります。

アジアの中の日本はどうでしょうか。国内では、中国や韓国に対し嫌悪感を抱く方も増えています。相手の国内でも同じです。この違いはどこから来るのでしょうか。

皆さんは日本の過去や、現状についてどのくらいご存じですか？本当の意味での「知性」、「平和」とは？皆さんで考えましょう。

（新聞局　安藤風斗）

群衆と戦争

群衆とは群がり集まった大勢の人のことを差します。現代社会の中で多くの人は群衆と化していることが多くあります。

日本では集団的自衛権容認をする法案が決議されようとしてます。これは、日本の国民が選んだリーダーによって行われている政策です。

ドイツで行われていた残虐な行為も、正当な選挙によって選ばれたリーダー、ヒトラーによって行われたものです。当時の民衆は、彼の演説に酔いしれ、支持していました。過去に起きた歴史を揺るがす事件や戦争は、決して残酷な首謀者のみで起きたことではありません。そこには加担した人たち、すなわち群衆の力が大きく関係しています。この先の未来で、平和な社会を築くには個々の正しい判断をする力が必要です。

（ピースボート水口明子）

なるほど！THE寄港地

第二次大戦終結から70年という点で感慨深いドイツ訪問。ビールとソーセージへの期待で胸が高まるドイツについて、今夜、特産品やおすすめの訪問箇所を、ドイツに2年住んだGET講師ジョンが紹介します。

さらに、共に敗戦国である日本とドイツの共通点や現在もある誤解など、表面を見るだけではわからないドイツの素顔を探ります。ゲストはドイツ人の英語CCゲーシェ。日本にも住んだ経験を生かし、一市民としてみなさんにお伝えします。20代半ばの若者が見る歴史観、世界との関係、教育への思いなどを聞き出します。

また二ヶ国目となる北欧、コペンハーゲンの見所やおみやげなどを、最近旅行で訪れたというウェブレポーターのチェマがおすすめします。

（ピースボート市塚藍子）

パスポートのお渡し

ヴァルネミュンデでの陸上行動中は、パスポートの携帯が必要です。本日お渡ししますので、IDカードを提示の上、お受け取りください。

※すべてのお客様が対象
※右舷側より入場です。

■8階前方スターライト
【レストランカード緑色】
10時00分～10時45分
【レストランカード橙色】
10時45分～11時30分

診療室より

クルーズも約半分が過ぎ、折り返し地点です。ヨーロッパも終盤を迎え、寄港地が続いています。疲れがたまっており、近頃は気温も下がり、体調を崩されている方も多いようです。

いま一度日々の手洗いうがいの励行と、マスクの着用のご協力お願いします。また、体調が優れない方は、診療室にお越しください。

エネルギー革命を起こした 環境ヒーロー
コペンハーゲン寄港の
で30%の電力を生産できるようになっています。
一体どのような取り組
「環境ヒーロー」に選ばれ、翌年には「持続可能な発展のためのヨーテボリ
すべらな〜い話
すべらない話、それは
「古くて、新しい国」デンマーク
デンマークは、北欧デ

2015年6月2日号表ページ

現在の私の歩幅は、万歩計の四千歩で約一時間となっている。

七時〜八時　朝食（四階メインレストランにて）

朝食と昼食はビュッフェスタイルで、九階（軽食）でも食事ができるが、私たちは四階のメインレストラン（口絵ⅳページ）で取ることにしていた。六百〜七百人は収容できそうだ。

夕食は「セットメニュー」のみ、ＩＤカードが「緑色」の者は十七時三十分〜十八時三十分、「橙色」の者は十九時三十分〜二十時三十分と、食事の時間の割り振りがされている。

食堂の従業員は中米か東南アジアの青年たちだ。片言英語だが気持ちの良い若者たちだった。

私は二年前に胃の全摘出手術を受けている。船では朝も昼も「おかゆ」があったので助かった。「ご飯とおかゆ」をいつも注文した。

乗船まもない頃のことである。その日、夕食の時、セットメニューでも「おかゆ」が食べられるのか尋ねたところ「ＯＫ」とのこと。早速頼んだ。しかし上品な茶碗に一杯の「おかゆ」では物足りない。もう一杯頼んだ。ウェイトレスの「レディー」たちは、たちまち私に「ミスターオカユ」とニックネームをつけてくれた。以後、私は食堂の若者たちの間で、それで有名になった。

私が杖をついて食堂に現れると、筋肉隆々の若者が素早くやってきて、食器を乗せるお盆（トレイ）を持ってくれる。私が「キュウリ」「玉ねぎ」と言いつつ指さすと次々と皿に取ってくれる。有難い息子たちだった。

九時～十時　水彩画の復習

水彩画教室は参加者が二百人もいた。

五十人一クラスでＡＢＣＤと四班できた。私はＡ班だったが、聞きたい講演などと時間が重なる時、他の班で学ぶことができた。二回作品発表会。最後の教室で自分の作品を示しつつ製作上の工夫など感想を述べた。

パスポート返却（寄港地前日）

次の寄港地「ドイツ」ではパスポートの携帯が義務付けられているので返却される。平素は事務局に預けている。

十時十五分〜十一時十五分　「世界のドキュメンタリー」上映

北アフリカからのボートピープルの悲惨な実態の映像を見た。

十一時四十分〜十二時十分　オプショナルツアー・コペンハーゲンEコース

デンマーク流「教育」について簡単な解説。

十二時十分〜十三時十分　昼食・メインレストランにて

十三時十分〜十四時十分　アフタヌーンティー（九階にて）

何種類かの「飲み物」と「ケーキ」が並べられていて選ぶ。ときどき妻と一緒に行った。

十四時十分〜十六時二十分　身辺整理

十六時二十分〜十七時三十分　航路説明会・七階ブロードウェイにて

新しい区域に入る前に、地理的特徴や海上風景の特徴、「オプショナルツアー」についてなどの解説や注意が、艦長さんや事務局長さんたちからある。

十七時三十分〜十八時三十分　夕食・メインレストランにて

十九時二十五分〜二十時十分　歌声の広場

自主企画。企画者が多数の「懐かしい歌」のＣＤを準備されていて、協力者が歌詞を印刷し配布される。「教わる」息苦しさがなく、皆で楽しく歌う。

二十時三十分〜二一時四五分　講演会

主題「戦後七十年・ドイツと日本」元朝日新聞記者　伊藤千尋氏（１０３ページ）

15 サンクトペテルブルグ（ロシア）

――壮大で華麗なエルミタージュ美術館

五月三十一日、サンクトペテルブルグ港着、最高気温二十三度、最低気温十四度、エルミタージュ美術館観光（オプショナルツアー）の予定。

七時三十五分集合。ピースボートでは初めて、貸切バスの座席を障害者扱いにしてもらった。前方に障害者や子どものために確保された座席に座ることができるのだ。「お客様はみな同じ料金を払っているのですから――」と女性事務担当者は言ったが、彼女の上司が快く手配をしてくれた。いつもは下船して貸切バスに到着するのは最後になってしまうのだが、今回は最後に乗車しても前席を空けておいてもらえたのだ。

バスは、市内をぐるぐる回って車窓観光をしてくれる。途中、ネギ坊主屋根の青い宝石をちりばめたような美しい**ロシア正教会**の横を何回も通る。この教会は「血の上の救世主

サンクトペテルブルグのニコライ１世像・聖イサク聖堂前イサク広場

教会」といって、一八八一年に農民革命のテロリストに暗殺されたアレクサンドル二世の慰霊のために建てられた。

ロシア革命の時、政府により教会内部が略奪を受け、第二次世界大戦中は、近くのオペラ劇場の倉庫となっていた。「ソ連」時代、教会はみな野菜の貯蔵倉庫等として使われていたようだ。「ソ連」崩壊後はこの教会内部も復旧されたが、もともとロマノフ家の私的施設であったため、現在も公的な礼拝のためには使用されず、「モザイク博物館」として公開されているとのことである。

エルミタージュ美術館に入る前にバスは「土産物店」に立ち寄る。「冬季にリハビリ散歩するのに、防寒帽が良いな」と思った。向かいの船室の住人G氏に相談すると「スカンジナビア

所蔵品は300万点以上のエルミタージュ美術館

ネヴァ川ほとりに位置する

半島の福祉国家に入ると物価は高くなりますよ」とのこと。「毛並みが銀色に光る毛皮の防寒帽」を選んだ。一一〇ユーロ（約一万五〇〇〇円）。やや高いように思うが、値切りゲームなどできないそっけなさだ。

「エルミタージュ美術館」（口絵ⅴページ）は、歴代ツァーリ（皇帝）の住まいであった冬の宮殿と四つの建物が廊下で結ばれて出来ている。一〇五〇の部屋、一一二〇の階段、部屋の総面積は四万六〇〇〇平方メートル。収蔵されている絵画、彫像、発掘品などは三〇〇万点（一九九八年）にのぼる。屋根の上にも一七六の彫像が立っている。「大英博物館」や「ルーブル美術館」に勝るとも劣らない規模だ。

午前中、「別館」で近代以降の絵画を鑑賞した。モネ、ミレー、ルノワールなど印象派からセザンヌ、ゴッホなどの名品を堪能した。

十三年前に見たマチスの『ダンス』は貸し出し中とのこと。当時、「このダンスのどこが良いのでしょう」と、問いかける男性に「感性の問題ですよ」と言ったら、馬鹿にされたと感じたのか、本気で怒りだしたのを思い出した。もう少し丁寧に私の感想を述べれば良かったと反省したものだ。

午後、いよいよ「本館」を巡る。全員専用イヤホンを耳に付け、ガイドの「オリガ」（女性）が然るべき絵画を選択して解説してくれる。便利といえば便利。自分が鑑賞対象を選べないので不便といえば不便。とにかく大変な混雑ぶりだから迷子になってしまう。イヤホンの雑音を頼りにグループの後に付く。仄聞《そくぶん》するところではこの日、中国人が四千人も入館したとのこと。レオナルド・ダ・ヴィンチの『聖母ブノワ』やラファエロの『コネスタビレの聖母』の前は、押し合い圧《へ》し合いの大混雑だ。鑑賞どころではない。

たくさんの名画の中でなぜかレンブラントの『放蕩息子の帰還』（口絵ｖページ）が印

象に残った。おそらく絵画そのものから来る感動よりも「一家の財産をことごとく使い果たして帰ってきた放蕩息子を、何も言わず抱きかかえて迎え入れる父親の慈愛」という、絵のテーマに魅かれたのではないかと思う。

鑑賞も山を越した頃、イヤホンの調子が極端に悪くなった。引率の塚原さんがしきりにガイドのオリガに呼びかけている。「もう一度マイクを通して何か言っていただいてよろしいか」と繰り返しているのだ。オリガは大柄で、ゆったりした端正な日本語を話すロシア女性だ。彼女は塚原君の言っていることが即座に理解できないようだった。

考えてみればこれは変な日本語である。塚原さんは「何か言っていただけませんか」と、はっきり依頼するべきなのだ。「何か言っていただいてよろしいか」とは、「良い」か「悪いか」を尋ねる文ではないか。この表現はごく最近流行り出したものだが、日本では「丁寧語」として既に定着しているかのようである。

後日、船内で、言語学者の稲垣氏と夕食を共にしたことがあった。外国人に通じない日本語について話すと、彼女は「ガイドを日本へ日本語研修に派遣したら、言葉がめちゃめちゃになって帰ってきた。なんとか矯正してほしいと依頼されている」と言われた。

前回のロシア旅行時の女性のガイドさんは、大学で国木田独歩を勉強したとのこと。この人の日本語も、とても立派だった（日本への留学経験なし）。船内の定番行事「なるほど The 寄港地」では、若い女性の「見れる」「食べれる」の連発にうんざり。日本語を破壊する元凶はいったい何なのだろう。

16 ヘルシンキ港（フィンランド）

——今も残る手のぬくもり

六月一日十二時ヘルシンキ港を出発、自由散策。

『地球の歩き方』付録の地図で、歩く方向は見当が付く。倉庫の横を通り芝生の公園を通り抜け、ひたすら歩いてテント村の「市場」に着く。野菜や果物には興味がない。衣服類も買う予定はない。古風なビルの屋外に机・椅子を出しているカフェテリアに入り、昼食とチョコレート（飲物）を摂る。

この店の前に前世紀風の細長い建物があった。昔の「市場」だ。「オールド・マーケットホール」と壁に書いてある。中は小さな土産物店、酒場、食堂、果物店、ソーセージ、缶詰店等がぎっしり並び、観光客であふれかえっている。一巡して早々に出る。

広い道路の角に「インフォメーション（案内所）」があった。

本日の観光は「元老院広場」「大聖堂」「ヘルシンキ大学」を通り抜けて「駅前」に出て

ヘルシンキのオールドマーケット

「国立美術館」を訪問することにした。

広い道を北上すると「元老院広場」に出た。広大な石畳の中央に銅像がある。「アレクサンドル二世」（口絵ｖページ）で、ロシア皇帝だ。「フィンランド」は一八〇九年以来百年間ロシアの支配下にあったから、この銅像の建設当時はこの国の皇帝だった。

彼はアメリカの奴隷解放より四年早く農奴解放令を出したが、農奴の管理が地主から政府に移っただけだったので、実質的に彼らの生活はいっそう窮迫した。ロシア特有の絶対王政ほど、人民に過酷なものはなかったという。一八八一年に彼は暗殺されるが、「人民の反ツァーリズム（反皇帝）活動」という意味では、ロシア革命への活動の端緒となった事件といえる。

日露戦争開戦前夜、「陸軍大佐明石元二郎」がロシア公使館付駐在武官として赴任し、密かに諜報活動に入る。司馬遼太郎の『坂の上の雲』大諜報によれば、彼は開戦後スウェーデンのストックホルムへ移り、ここでフィンランドの独立運動指導者の大物に知遇を得た。そして彼を通じてポーランドをはじめ、あらゆる独立運動・革命グループの指導者たちを知ることとなった。そして求めに応じて活動資金を提供した。彼は金百万円の国費を自由にしていたが、現在の価値ではどのくらいだったのだろう。司馬遼太郎は「彼の活動が日露戦争（一九〇四〜一九〇五年）の終結に大きな影響を与えた」と書いている。一九一七年、ロシア革命の成立と同時に、フィンランドは独立を果たした。

十五年前にもこの国を訪れた。その時ガイドさんに誘われ一緒にサウナに入ったことがある。彼は大声で言った。「頭の毛が黒く、目の黒い者がいたら気を付けてください。それは〇〇〇人だから……」「日本人もそうなのだがな〜」と思ったものだ。彼ら（フィンランド人）はロシアが嫌いなのだ。日本海海戦でバルチック艦隊が壊滅した時、手を打って快哉《かいさい》を叫んだのは、この国とトルコの人たちだった。第二次世界大戦後、彼らも広大なカレリア地方をロシアに盗られている。

「元老院広場」から北を見れば、横幅一〇〇メートル、高さ一〇メートルを超える立派な石段があり、その上に堂々たる「大聖堂（テンペリアウキオ教会）」が聳《そび》えている。疲れた人たちは、この階段に腰をかけて休むことになる。「大聖堂」を左へ折れヘルシンキ大学の校舎の横の坂を下りる。この大学は一六四〇年スウェーデン女王の創建となっている。

この国の不幸は、ロシアに百年間領有される前には六五〇年の長きに亘ってスウェーデンに占領されその支配をうけていたことである。

後年、スウェーデンとの間で、国境にあたる「オーランド諸島」の所属を巡って紛糾したことがあった。この時、国際連盟事務次長・新渡戸稲造《にとべいなぞう》による有名な「新渡戸裁定」により、この島々はフィンランド領となった。北限のこの地で、日本人が大きな仕事をして人々に感謝されていることに誇りを感じる。そしてこのような優れた国際人を育てたのは何であったのかを考えざるを得ない。全ての児童に小学生から英語を教えることか？　少なくともそんなことではないことだけは確かである。

所々にいかにも年輪が偲ばれる建物があったが、それが何の建物か詮索する余裕は無かった。広々とした「駅前広場」に出る。街角で果物を売っている若者に、地図を示して「国立美術館」を尋ねると、彼は即座に手を挙げて左を指さす。だからそちらへ広い道を横切った。しかし持っている地図を検討すると方向が全く逆のようだ。引き返す。後であの若者がなぜ左手を挙げたのか考えながら地図をチェックしてみると、たしかにそのあたりにも美術館はあったのだ。

ようやく探し当てた「国立美術館」は休館だった。がっかりした。足元の石のブロックが妙に波打っている。「危ないなあ～」と思った瞬間ゆっくりと天地が回って、くもり空を見上げつつ大地にひっくり返った。八方から人々が走って助けに来てくれるのが見えた。

私は一旦転ぶと独力では立ち上がれない。私の介護者である家内もまた杖を突く身体障害者だ。フィンランドの探検は、「人々の手の平の温かさ」に感動しつつ終了することとした。電車で帰る。杖を持つ私たちに乗客はさっと席を譲ってくれた。ここにも人々の温かさがあった。

17 ヴァルネミュンデ港（ドイツ）

世界遺産・古都ヴィスマールへ鉄道で

六月三日午前十時、ヴァルネミュンデ着岸。ここでは自由観光・世界遺産の古都「ヴィスマール」（鉄道で行く予定）を訪ねる。

十時十五分、下船し出発。「ヴァルネミュンデの鉄道駅」（口絵ｖページ）は、二本のプラットホームが道路に直接つながり、乗車切符の自動販売機が立っているだけだ。どちらを見ても土産物の店ばかり。「インフォメーション」は土産物店の奥の方にあった。金髪で簡潔な英語を話す女性が対応してくれた。「行

ヴァルネミュンデ港近辺。彫像を演じるパフォーマーが道行く人を楽しませている

き先」や「片道か往復か」等を確認してから、「乗換駅」は「ロストック」であることを含め、パソコンで見事な一覧表を打ち出してくれた。つまり「往路」「復路」共に、「発車駅」「発車プラットホーム番号」「発車時刻」「着駅」「着駅プラットホーム番号」「着時刻」等の情報について八時台から十四時台までの一覧表だ。この一覧表に加えて鉄道地図をくれた。情報としては完璧だ。日本でも頼めばこのような情報提供はしてくれるのだろうか。乗車切符の販売窓口は土産物店の隅にあった。

列車内の天井に電光掲示板がある。「本日の年月日、曜日、只今の時刻、次の停車駅」が掲示されている。各停車駅のホームにもこれと全く同じ「電光掲示板」があり、時間は車内の掲示とぴったり合っていた。

これまでの外国旅行では自由行動時に列車やバスを利用する時には、「あと幾つ目の駅で下車せねばならない」と、新しい駅に到着するごとに残りの駅数を数えねばならなかった。今回はもらった情報で、目指す駅の到着時刻が分かっているから、到着時刻にだけ気を付ければよく、窓外の景色を楽しむことができた。

かつてオーストリアへ旅したことがあった。ウイーンの有名な「楽友協会」でモーツァルトなどを聴いてから、夜十時頃、郊外のホテルに帰るために電車に乗った。「下車する駅名」は分かっているが、停車ごとの駅の名前を確認するのが大変だった。何の合図もなく停車し、出発するのだ。乗り合わせた数人の高校生（この車両には他に乗客は無し）に「下車駅がきたら教えてほしい」と頼んだら、賑やかに面倒をみてくれたのを思い出す。

「インフォメーション」の情報は、同じ列車に乗り合わせた他のグループの仲間にも提供したら大喜びであった。ドイツの正確で几帳面で徹底した一面を知った。

乗換駅「ロストック」では、プラットホームの昇降はエレベーターだった。ここでも例の情報で利用するべきプラットホーム番号が分かっていたから慌てる必要はなかった。「ロストック」はかなり大きな駅だ。

さて、「ヴィスマール」（口絵viページ）は、十三世紀にハンザ同盟の一員となり、同盟がはるか十七世紀後半に事実上消滅してしまったのに、現在も「ハンザ都市」を掲げている。ドイツ気質というものか、旧市街は世界遺産である。

この地は、一六四八年から百五十年間スウェーデンに支配されていた。丸みを帯びた屋根飾りや淡色ファサード（建物の正面）にその面影が街中に残っているという。

街の中心に近づくと、両側に伸びる街並はハンザ時代を彷彿させる落ち着いたムードに

世界遺産の街ヴィスマールの聖ニコライ教会

満ちていた。人影がなく古都へタイムスリップしたようだ。「マルクト広場」は古い石畳の広々とした空間で、北側に瀟洒《しょうしゃ》なバロック建築の市庁舎が存在感を示している。また東側には十四世紀に裕福なハンザ商人が建てた館がある。現在はレストランとして使われている。この建物の正面は重厚な二十五個のアーチの壁で飾られており、古めかしく目立っている。この向かい側に、青く錆びた銅板屋根の多角形の東屋のような建物があった。一六〇二年に建て替えられた市民用の井戸だそうだ。ハンザ時代に商品として「ビール」を生産していたため、大量の水が必要だったからだ。

その他スウェーデン風の古めかしい建物が並ぶ。南側の角の由緒ありげな外観の建物の内部は、近代的なショッピングセンターだった。この広場を南に抜けると、ハンザ当時の

「港」がある。当時の港の最大の課題は海賊対策だった。そのため港はできるだけ丘に囲まれた場所に建設され、港の入り口を鎖で封鎖されたようだ。

この旅でドイツの鉄道の徹底した正確さ几帳面さを知ったのだが、平成二十八年二月十日ドイツのバイエルン州で、列車の正面衝突事故があったと新聞が報じていた。事故は見通しの悪い単線区で起きた。単線で列車が行き違う場合、片方の列車は自動信号装置の指示に従い、手前の複線で対向車をやり過ごすことになっている。しかし自動信号装置は赤なのに、職員が列車の遅れを取り戻すために、「手動」で合図を送り列車を単線に進ませた疑いがあるとのことだ。

滋賀県の「信楽高原鐵道《しがらきこうげんてつどう》」でも全く同じ事故があった。機械には厳重な保守管理が必要だ。

また、人間はさまざまな状況の下で「魔が差して」取り返しのつかない間違いを起こす事があるから気を付けねばならない。

18 コペンハーゲン港（デンマーク）
――フォルケ・ホイスコーレ（学校）訪問

六月四日、コペンハーゲン港着。オプショナルツアーは「デンマークの『教育』を知る」というテーマで「フォルケ・ホイスコーレ」（口絵・ⅵページ）訪問の予定。

十一時バスで出発。参加者三十四名。引率は村田千紘氏。


約一時間でホイスコーレに着く。郊外の高木に囲まれた一見農場風のたたずまいだ。正面の平屋は学生が作った野菜などの販売所、左側の棟は食堂だ。建物の前には二、三十人が座れる作り付けの長机と長椅子があり、本日の日程説明と昼食の案内がある。

オーガニックレストランで昼食。セルフサービスでカレーライスをご馳走になる。オーガニックとは有機農業による野菜のこと。学生たちは有機栽培で自分たちが食べる野菜を作り、また、地域の人たち全体に、年に一度無料配布しているとか。食堂の窓からは彼らの広い農場が遠望できた。

フォルケ・ホイスコーレとは

十三時から学校の説明を受ける。講師はガーバ先生、モーリタニア（アフリカ西岸）からの移民だとか。その概要は次のようであった。

・十九世紀のデンマークの高等教育（大学）は、ラテン語、フランス語、ギリシャ語、ドイツ語などの外国語や外国文化を重視した暗記中心の教育で、高等教育を受けるのは一部の上流階級の人たちだった。また母国語しか話せない農民の文化は、価値が低いものとみなされていた。

・デンマーク国民の父、N・F・S・グルン・ドヴィは「母国語とそこから生まれた文化こそ尊く美しい」とし、「教科書からではなく寄宿舎で生徒と教師が寝食を共にし、『生きた言葉』で語り合い、対話を重ねて自分たちを取り巻く世界を学ぼう」と訴え、「公教育から独立した学校の設立」を提唱した。

・そして、これを実践したのが「クリステン・コル」であった。一八五一年に最初のホイスコーレを開校した。そしてこの学校は北欧全土に広がる。

この学校群は、今日幸福度世界一のデンマークの民主主義や福祉社会の普及発展に大きな功績があったとされている。

特徴

入学資格　十八歳以上、入学試験なし
試験　成績表なし
終了証　卒業証書なし
資格　取得資格なし
学費　授業料、寄宿料（一日三食）その他を含めて一か月…十万～十五万円
科目　人文科学系、芸術・デザイン系、体育スポーツ系の類型があり、教科・科目は各学校により特色がある。
学習期間　最大十か月、（北欧の）国や学校により異なる。

北欧の教育文化に根付いているフォルケ・ホイスコーレは、現在、北欧全土に広がる独特の成人教育機関として定着しており、通常の公教育から独立し、その影響を受けない私立学校群となっている。

デンマーク…………七〇校

ノルウェー…………七八校
スウェーデン……一五一校
フィンランド………九〇校（二〇一五年六月現在）

学生数は一校六〇人〜八〇人。学校の運営経費は概ね国五〇%、学生五〇%。

ガーバ先生の話の概要（英語）

一九四五年以降、デンマーク中から集まる学生たちに、戦争をしない市民に、また政治家のプロパガンダに騙されない人間になってもらうために努力している。二〇〇八年から他国からの留学生も受け入れている。今、地球上に数々の紛争がある。紛争の原因は国境線の存在だ。世界中から民主主義と自由を学びに来ている。現在十四か国から十八名が入学している。学生たちは皆たいそう活発に活動している。学生たちにはどこでも生きていけるように感度の良いアンテナを身に付けてもらえるよう、また地球上の人間として行動できるよう共に学んでいる。

学生の学外活動

ガーバ先生は十名ほどの学生と共に私たちを広い裏庭へ案内された。周辺は高木の林。

そして今、学生たちが取り上げ、街で展開している活動として、「ARE WE ALL IN THE SAME BOAT?」（私たちはみな同じボートの一員になれているだろうか?）と大書した横断幕を紹介された。彼らはこれを持って街に出て、地域の人に説明し、主旨に賛同する一人ひとりを、横断幕と共に写真に収めているとのこと。

難民問題

昨年一年で、難民としてヨーロッパに不法流入した人は約一〇〇万人。移民としての受け入れはドイツ一一〇万人、デンマーク二万人など……。平和な福祉社会の北欧諸国は、難民にとっては夢の国だ。

しかし、この発想と活動は「危うい」ものだ。営々と築かれてきた福祉社会の果実を大量の難民と分かち合える物質的・精神的余裕があるのだろうか。

果たして今年二〇一六年（平成二十八年）一月、デンマークの国会は「難民資産法」を可決し、一定以上の現金や結婚指輪など記念品の宝石以外の財産の徴収を決めたという。

またスウェーデンでも前年度亡命を希望した一六万三〇〇〇人の中、八万人の難民申請は却下されるという。

19 ベルゲン港（ノルウェー）

——フロイエン山上からの美しい眺望

六月六日ベルゲン港着、自由行動。ここは十六年前に一度訪れている。

九時三十分出発。由緒ありげな背丈を超す石垣に沿い、港の奥を目指す。やがてハンザ同盟時代の三階建切妻《きりづま》屋根の木造建築群、有名な「ブリッゲン」の前に着く。懐かしい眺めだ。

十四世紀から十五世紀にかけて北海周辺諸国の商業発展と各国の共通の利益を目指した「ハンザ同盟」に加盟し、事務所を設置して以来、十七世紀のハンザ同盟の終結に至るまでの四百年間、この街は隆盛を誇った。その間にこの国の首都にもなった。「ブリッゲン」は、この地の名産「干しダラ」の倉庫と事務所の建物で、当時の姿をそのままとどめており、世界遺産に登録されている。現在は十棟ばかり道路に面している部分のみ彩色され土産物店になっている。

土産物店の見物は後に回して、「インフォメーション」にまず行く。街の人に尋ねると魚市場の二階へ案内してくれた。そして待ち順カードの取り方も教えてくれた。親切な人だった。平素、銀行や市役所で応対順を示すあの番号札だ。知らずに割り込みする者が多いらしい。室内は観光客であふれている。

一二〇ユーロ（一万五〇〇〇円）を「ノルウェー・クローネ」に両替する。

ここで「ベルゲンカード」を買った。市内の公共施設の入場料金などが割引されるという。一枚三二〇〇円。しかしこれは結果的に失敗だった。福祉国家だから高齢者や障害者は、カード無しでも割引されるからである。「フロイエン山」や「美術館」など本日の観光ルートの概略をここで決める。また船への帰りのバスは三番か八十三番に乗るよう教えてくれた。階下の魚市場でサーモンのサンドウィッチを買う。大きいが高価だった（千百二十円）。

フロイエン山へのケーブルカーは、カードで半額（一人一三七六円）だ。観光客で長蛇の列だが、障害者の乗り場は別にあり、車両の最上列の座席でゆったり座らせてくれた。（私たちは、いつも杖をついて歩いているので、車掌さんが気づいてくれるおかげ）。

山の頂上からは眼下にベルゲン港と市街が見下ろせる。氷河が作った街らしく切り立った山々に囲まれた街並みが一望でき美しい。前回訪れた時には、夜、最終のケーブルに乗った。白夜で、ベルゲンの街と港全体がくっきりと見え、幻想的で幽玄の世界にいるように感じられた。

フロイエン山上には、土産物店が一軒と、ごく小さな食堂らしきものが一軒、他は遊園地だけ。私たちは眼下の素晴らしいベルゲン市街を眺めながら、ベンチで先ほど買ったサンドウィッチを食べ始めた。突然頭上で、「あんたら、それどこで買ったん？」と女性の声がした。「下の魚市場で」と家内。「いいわねえ～」三、四人のブロンドのおばさんたちは食堂の方へと坂を上って行った。「この会話日本語だったよな？」と私は錯覚した。不思議だった。フロイエン山上には、「飲み物」くらいで、こんな美味しそうなサンドウィッチは、売っていなかったのだ。

フロイエン山を下り、麓を北に回って人造湖へ、この湖では筏《いかだ》を浮かべその上に大きなフレームを丸く組み、それを使って白い服を着た女性が踊るという、何やらパフォーマンスをしていた。今日は何かのお祭りのようだ。

この人造湖の東側に「ベルゲン美術館」があった。コーデ一～四の分館になっており、コーデ一のノルウェーの伝統美術、コーデ二の印象派美術の企画展を鑑賞した。

午後四時を過ぎていたが、このまま帰るには「ベルゲンカード」がもったいないので、人造湖から急な坂を上って「海洋博物館」へ行くことにした。閉館前の博物館はひっそりと静かであった。客は私らの他シンガポールから来た三人の若い男女だけだった。

帰途、街の大通りは人であふれ、「お祭り」ムードはさめやらず、特設会場ではマイクで何かを叫び、ゲームなどで賑わっていた。私たちの船の「和太鼓グループ」も出演したのではないかと思われる。

世界遺産「ブリッゲン」に立ち寄る。以前ここへ来た時は階上の事務所や倉庫へ行った。「干しダラ」の匂いが未だに籠っていた。

一階の土産物店で絵ハガキを買う。ロシアで買った帽子を探すが同じ形のものは発見できなかったが、値段は高いように思う。「コーヒー」セルフで二杯七六八円。店の角の柱が朽ちて外が見える。店から外へ出て建物の側面を眺めると大きく左右にうねっていて、「これ大丈夫かな」と案じてしまう。

そろそろ日没近く、魚市場近くの土産売場テントは後始末に取り掛かっていた。かつて「ニシンの酢漬け」を樽から取り出して、頭上につまみ上げ、まるまる一匹にかぶり付いている映像を見たことがあった。それ以来、北欧の「ニシンの酢漬け」がイメージとして定着していた。その缶詰三個で二二〇クローネ、日本円で三五二〇円、とても高い。家内は財布をはたいて「これで有り金全部です。負けてください」とねばって、若いお兄ちゃんの説得に成功して、両替した「ノルウェー・クローネ」を使い切った。

船に帰るためバスに乗る。バスは「ベルゲンカード」で無料だ。夕刻なので仕事帰りの買い物袋を持った人々で満員だ。若い男性が二人すっと立って座席を譲ってくれた。とたんにその若い男性の買い物袋からミニトマトが三つ四つこぼれ出た。皆大騒ぎで拾ってくれた。和やかな空気が流れた。北欧の人たちの人間味あふれる温かい空気であった。

絶景のソグネフィヨルド・ネーロイフィヨルドを経てアイスランドへ（口絵viページ）。

ノルウェー最大のソグネフィヨルド

20 レイキャビック港（アイスランド）
――ゴールデンサークル観光

六月十日、レイキャビック港着、「ゴールデンサークル観光」コース。「グトルフォスの滝」「ゲイシール」「シングヴェトリル国立公園」を巡る予定。

グトルフォスの滝（黄金の滝）

八時三十分バスで出発、「グトルフォスの滝」十時三十分着。行く手に水煙が見える。休憩所から木道の階段を延々と歩いて滝に下りるのだが、歩行困難な者十人ほどはバスで迂回して滝へ下りることになった。

対岸まで七〇メートル、落差三〇メートル、氷河から流れ出た多量の水はものすごい瀑《ばく》布《ふ》となって轟音《ごうおん》を立てて落ちている。水煙を巻き上げる。この滝は、日の光を浴びると黄金に輝いて見えるから「グトルフォス＝黄金の滝」と呼ばれる。今日はあいにく曇りでう

グトルフォスの滝は最大幅約70m

すら寒かったから、羽毛の防寒着の上に、水煙対策として水色のレインコートを重ね着した。カメラはたちまち水滴で曇ってしまう。

エピソードがある。二十世紀のはじめにイギリスの企業が、この瀑布を利用して水力発電所の建設を企画したが、滝の近所に住む一人の少女が、「景観を破壊するから」と反対運動を起こし、ついにこの計画は中止されたとのことだ。以来少女は伝説の人となった。

ゲイシール（間欠泉）＝地球の呼吸

ゲイシールに移動する。間欠泉のことを英語で「ガイザー」と言うが、この語源になったのがこの「ゲイシール」である。

このあたりは、小高い丘になっていて、かつて「間欠泉」を吹き上げた丸い直径一メートルほどの跡があちこちに点々とあった。そして事故防止の綱が広い範囲に張り巡らせてあった。泉源は期間をおいて移動するかのようだった。

今吹き上げている泉源はそれらの一つで、観光客は三〇メートルほどの輪になって熱湯が噴き上がるのを待つ。やがてボコボコと音を立てながら水面が盛り上がり、一瞬地底に吸い込まれると、ドッと高く噴き上がる。数分おきにこれを繰り返すのである。観光客はシャッターチャンスを狙って今か今かと待ちわびる。まさしく地球の呼吸だ。

ゲイシール間欠泉。数分おきに数十メートル吹き上げる、正に地球の呼吸

シングヴェトリル国立公園
「ギャウ」＝地球の割れ目

昼食の後、「シングヴェトリル国立公園」へバスで移動する。

「アイスランド」は、スカンジナビア半島とグリーンランドの中間にある。面積はおよそ一〇三平方キロメートル。およそ北海道と同じ広さだ。人口三十二万人。火山島である。

首都「レイキャビック」は世界の首都の中で最北にある。そしてこの国には「大西洋中央海嶺《かいれい》」が陸上に走っているため、ユーラシアプレートと北アメリカプレートが分かれているのを直接目で見ることができる。通常「海嶺」は海の底数キロメートルにあり、海嶺部分で大陸プレート下のマントルが上昇し、左右に分かれて水平に進むのである。したがって左右に分

シングヴェトリル国立公園の「ギャウ」。ユーラシアプレートと北アメリカプレートの割れ目

かれる地点には地球の割れ目ができる。これを「ギャウ」（口絵viページ）という。アイスランドのこのギャウは毎年二、三センチずつ広がっているとのことだ。

日本の三陸沖では、アイスランドとは逆に太平洋プレートが北米プレートの下に潜り込んでいて、それにより溜められたエネルギーにより大地震と大津波が起こったのだった。地球のプレートの話を聞く度に私はシャボン玉を連想する。

シャボン玉をよく見ると、表面に水の被膜が現われる。それは不思議な紋様を浮かべてゆっくり動いている。地球上のプレートはこのようなものではないかと思う。

宇宙の始めに起こった大爆発、たくさんの天体の自転と公転を含めて、何か巨大な宇宙が、人知を超えた大きなスケールで、ゆっくりと動いているかのようだ。

アイスランドへは、九世紀末から十世紀にかけてノルウェー人、スコットランド人、アイルランド人などが「魚」を求めて移住してきた。彼らは燃料の木炭を得るため森林を伐採した。そのため国土の四分の一を占めていた樺《かば》の木は、十九世紀には国土の〇・三％を残すのみとなった。現在エネルギー源は水力発電（八〇％）と地熱発電（二〇％）に拠っている。また首都レイキャビックでは地熱による熱湯の利用も行き届いている。

「アルシング」＝民主会議

シングヴェトリル国立公園の「ギャウ」を下りる。左手は数十メートルの切り立つ断崖、ユーラシアプレート側だ。右手の北米プレート側は一望千里の平原となっている。

この断崖の麓が有名な「アルシング」の遺跡とされる。「アルシング」とは民主会議のことである。

アイスランドに移り住んだ人たちは、「王権」による支配を望まなかった。彼らは「ギャウ」による岸壁が声を反響して会議を開くのに都合が良いから、この場所に集まって、「世界最古の民主会議＝アルシング」を開催したのだった。西暦九三〇年のことである。

この国は、十三世紀からノルウェーとデンマークの支配を受けるが、第二次世界大戦後再度独立を果たしている。

アイスランド人は世界最古の民主会議＝アルシングを、とても誇りにしている。

シングヴェトリル国立公園のアルシング遺跡に向かう

アイスランドより氷塊光るケープフェアウェル沖（口絵viページ）とニューファンドランド沖を遊覧して、カリブ海へ南下する。

キュラソー島（オランダ領）

カリブ海からパナマ運河を通航して太平洋へ

パナマのカテドラル（スペイン植民地時代）

21 船内の講演会から

「戦後七十年、ドイツと日本」講演内容概略

講師　伊藤千尋氏〈元朝日新聞記者〉
日時　二〇一五年（平成二十七年）六月二日
場所　第八十七回ピースボート船内

アジアでは、「日本」は中国・韓国と仲が良くない。
欧州では、「ドイツ」は周辺諸国と仲良くやっている。
この違いは何によるのか。

「ドイツ」は、ベルリンに「ホロコーストの碑」を建てている。そして、ナチスの被害者四四〇万人に対し、一人当たり二五〇万円の個人補償をした。また、教育の根幹にナチスの犯罪を据えて教えている。日本はそれをしていない。

「ワイツゼッカー大統領」は、一九八五年、西ドイツ国会での演説で「過去に目を閉ざす者は現在にも盲目となります」と述べた。ドイツは真摯に反省している。それに対して、「日本」には、真摯な反省がない。戦後補償を各国の政府にしたため、汚職をまき散らしただけだった。そして「一億総懺悔」ですべてを終えている。

第二次世界大戦後、「ドイツ」はフランスと共に戦争の原因となる「鉄」と「エネルギー」の共同管理を始めた。また、政治・経済の共同体を目指し、「ＥＵ貨幣・ユーロ」を採用した。

ネルソン・マンデラは「自分で調べ、自分で考えよ」と述べている。今の日本（政府）は自分の頭で考えることができない。

中国とは「ウィン・ウィン」の関係、これが原則だ。

今の日本政府はだめ。政府がだめならせめて国民が賢明にならねばならない。

・ドイツ戦後補償額（対個人）……六兆円

・日本の賠償総額…………六〇〇〇億円（除北朝鮮）（朝日新聞一九九三年〈平成五年九月四日〉）

ドイツの戦後補償

前記「ワイツゼッカー大統領」の演説にドイツの考え方が述べられている。

一、「罪」は個人的なものである。知らなかった者や、まだ生まれていなかった者に、その罪は告白できない。

一、しかし、国民に罪はなくても過去に対する補償責任はある。

このような考えのもとに、ドイツは次の該当者を個人補償の対象とした。

・強制収容所で虐殺された六〇〇万人のユダヤ人
・虐殺されたロマ（ジプシー）推定四〇万人
・ポーランド占領期間中の知識人・指導者層一〇〇万人（ソ連の徴収分から賠償する）。

ドイツ政府は、おおむね以上の犠牲者におよそ六兆円の個人補償を行ったのである。

「過去に目を閉ざす者は現在にも盲目となります」という前記「ワイツゼッカー大統領」の有名な言葉は、このユダヤ人虐殺に係わって述べられた。「犯罪に手を下した者は少数だ。大多数の国民はこれを知らなかった」としている。

彼の長い演説の中で、ドイツが降伏した五月八日は「ナチス（ドイツ）から国民が解放された日」であり、ナチスが犯した数々の戦争犯罪が「思い浮かぶ」と述べてはいる。しかし「謝罪の言葉」は一言もない。「国民が犯した犯罪ではなく、『ナチス』の犯罪だ。国民に法的責任はない」としているからである。

ドイツの戦後賠償についてはポツダム協定で、「賠償」は通貨でなく、工業施設、資源、工業製品・労働者の徴用などの「現物」で行うことを決め、ソ連は東欧と占領地域のドイツ資産と、一九四五年から一九四八年の間の工業生産物[※註]を戦後賠償とし、英、米、仏も占領地域と中立国に在るドイツ資産及び生産物（前記期間の）を戦後賠償とした。

※註　「デモンタージュ」と呼ばれ、工場生産物を直接接取した。ソ連占領地域における「デモンタージュ」は苛烈を極めた。
尚、ドイツが二つに分断されていたため、賠償問題はドイツ統一まで、一時棚上げされることとなり、そのまま今日に至っている。（前記以外の）戦後処理はまだ終わっていない。

日本の戦争補償

●中間賠償

軍事工場の機械などを撤去して譲渡したもの。

一九五〇年五月までに一億六五一五万円（一九三九年〈昭和十四〉価格）。四万三九一九梱包。

受取国

・中国……五四・一％　・オランダ（東インド）……一一・五％

・フィリピン……一九％　・イギリス（ビルマ・マレー）……一五・四％

●在外資産の提供（一九四五年〈昭和二十〉八月五日現在）

・朝鮮……七〇二億五六〇〇万円

・台湾……四二五億四二〇〇万円

・中国　東北……一四六五億三二〇〇万円

　　華北……五五四億三七〇〇万円

　　華中・華南……三六七億一八〇〇万円

・その他、樺太・南洋・南方・欧米諸国など

……　二八〇億一四〇〇万円

合計　　三七九四億九九〇〇万円

●占領した連合国に対する賠償

・ビルマ…………………七二〇億円

・フィリピン…………一九八〇億円

・インドネシア……八〇三億八八〇万円

・ベトナム……一四〇億四〇〇〇万円

合計　　三六四三億四八八〇万円

●占領した連合国に対する賠償に準ずる賠償

・ラオス………一〇億円

・カンボジア…………………一五億円

・ビルマ……五〇四億円

・シンガポール……二九億四〇〇〇万三〇〇〇円

・マレーシア……四〇〇〇万三〇〇〇円

・ミクロネシア…………一八億円

合計　六〇五億八〇〇〇万六〇〇〇円

●朝鮮は平和条約の特別協定の対象

・韓国……一〇八〇億円　・北朝鮮……未定

私は、伊藤千尋氏が言うように「ドイツは誠実な国」、「日本は酷い国」と言い切れるとは思えない。

ドイツの個人補償には自国の国民も含まれる。敗戦国が行ういわゆる「戦後賠償」ではない。

日本は、一民族の抹殺を図る目的のジェノサイドを犯していない。したがって補償額を単純に比較して多寡を述べるのも適切ではない。むしろ大戦後、関係国すべてに対し謙虚に謝罪しつつ平和条約を結び、二国間協議を積み上げて賠償してきた誠実さをこそ評価されるべきである。巨額のＯＤＡはこの枠外だ。

「君の星は輝いているか」講演内容概略

講師　伊藤千尋氏〈元朝日新聞記者〉
日時　二〇一五年（平成二十七年）六月三十日
場所　第八十七回ピースボート船内

一九九七年にノーベル平和賞を受賞したジョディ・ウィリアムズは、「民衆の力が世の中を動かしている。民衆に必要なのは行動だ」と述べた。

一九九一年、フィリピン・ルソン島のピナトゥボ山が、二十世紀最大規模の大噴火を起こした。山頂が二五九メートル吹っ飛んだ。火砕流に追われた民衆は一目散に逃げたが、クラーク空軍基地が行く手を阻んでいた。基地内に一歩も入れなかった。これが全国を揺るがす問題となった。問われたのは「基地は誰のものか、基地は国民を守るものではないのか」ということだった。民衆は、米比相互防衛条約の廃棄のために立ち上がった。

四万人の基地労働者は「米軍の下請け労働ではなく、この土地をもっと良いものに作り変えよう」と考えた。そしてそれを実現。一九九一年、比政府は、民衆の力に押されて米比相互防衛条約の批准を拒否した。
当時四万二〇〇〇人だった基地労働者は、五年後には六万七〇〇〇人になった。雇用が一・五倍に伸び、民衆は豊かになっていた。

沖縄の翁長《おなが》知事は、かつて自民党の沖縄県連の幹事長として基地を推進した人であるが、辺野古《へのこ》・普天間《ふてんま》基地反対の先頭に立っている。なぜ彼が変わったのか、それは世界の基地が減っている現実が背景にあるからだ。
一九六二年「キューバミサイル危機」があった。この時、読谷村《よみたんそん》の基地は「四発のミサイルを発射せよ」という命令を受けた。確認作業をしていて「命令の誤り」を知った。軍事基地は本当に危険だ。

「プエルト・リコ」という島々がある。カスピ海のドミニカ共和国の東に位置し、スペインの植民地から米西戦争の結果、アメリカ領になった島々だ。この中に「ビエケス島」がある。第二次世界大戦中から、この島は米軍基地となった。「島の東三分の一が米海軍の射爆場」、「西三分の一が弾薬庫」、「島民九三〇〇人は真ん中の三分の一に住んでいた」。誤射・誤爆が相次いだ。島民の基地反対座り込み運動で、二〇〇三年に米軍基地は撤退した。アメリカ領内でも基地は減っているのだ。

冒頭で紹介した「ジョディ・ウィリアムズ」は、地雷廃絶国際キャンペーンの初代コーディネーターとなり、一九九七年に採択された対人地雷禁止条約の推進役としての功績が認められ、一九九七年にノーベル平和賞を受賞した。この「対人地雷禁止条約」はＮＧＯ（非政府組織）が生んだ条約だ。

ビエケス島の市長はベトナム戦争の帰還兵だった。彼は「貧しい人とは、金を持たない人ではなく夢を持たない人を言う」と言った。金大中氏は「行動する良心たれ」と言った。最後に「ＮＧＯ」について申し上げる。このピースボートもＮＧＯが作り、運営している。一九八三年、「教科書検定は、日本のアジア『侵略』を『進出』と書き換えさせている」と中国・韓国に密かに通報する者があり、両国が日本へ厳重に抗議する事件があった。しかしこれは、捏造による空騒ぎであった。

講演を聞いて私が思うこと

伊藤千尋氏の講演には明らかな瑕疵《かし》がある。フィリピンのアメリカの軍事基地撤退の直後から起こった中国との紛争問題を抜きにして「民衆の力の賛美」だけで済ませて良いのか極めて疑問だ。

フィリピンに在った強力な米軍の空軍基地・海軍基地が無くなり、一九九五年以来、米比軍共同の軍事演習も取り止めとなった。

しかし、米軍基地が撤退するとフィリピン、マレーシア、ベトナムなどが漁場とし、領有権を主張してきたスプラトリー岩礁を、中国は埋め立て始め、二〇一五年には約十二平方キロメートルの島とし、飛行場の滑走路などが建設されている。そして同年、中国人民解放軍の孫建国副総参謀長はマレーシアで、「埋め立ての目的の一つとして、軍事防衛上の必要性を満たすため」と述べている。

「フィリピン」は二〇一三年一月、国連海洋法条約に基づき仲裁裁判所に中国を提訴している。拙速な「米比相互防衛条約」の継続批准を拒否したことをいたく反省し、米軍の臨時駐留などを要請しているようだ。

沖縄の普天間・辺野古の問題をどう考えるのか。他山の石とすべきではないのか。

フィリピンの米軍基地撤退について述べる時、撤退後に起こった中国との紛争を抜きにはできない。伊藤氏はこれについても詳述し意見を述べるべきである。

なお、昨年、我が国の国会で「安保条約関連法」が成立した時、間髪を容れず祝意を寄せたのはフィリピンであった。

22 プエルトケッツァル港（グアテマラ）

――マヤ最大のティカル遺跡（文化・自然複合遺産第一号）

待望のティカル遺跡（三時間三十分の徒歩観光）

六月三十日午前七時十分、「オプショナルツアー・マヤ最大の遺跡ティカル」（口絵viiページ）に向けて七十名のグループは船を出発。荷物は手荷物のみと制限される。バスで飛行場へ。二機の小型機（軍用）に分乗し、グアテマラ市へ。そこからバスでフローレス島へ、その後ティカル国立公園へ行く予定。

無事午後一時過ぎ、ジャングルの中のティカル国立公園の食堂に到着した。比較的大きな鉄筋コンクリートの白い建物だが、蠅がうるさい。

昼食後、いよいよ待望の「三時間三十分のティカル遺跡徒歩観光」だ。天気はよし。二グループに分かれて出発する。ガイドは「フリュー」という男性現地人。密林の中は小道が縦横に走っているため、目指す目的地まで他グループに出会うことはなかった。

体調は良好。ただし、杖を突きつつ歩くのでグループの歩行速度にはとても付いて行けない。ガイドはときどき立ち止まって樹の間の小鳥や動物の説明を、時には熱帯植物の葉をちぎったりして解説する。その間に私たち二人はようやくグループに追い付くことになる。

壮大な一号神殿

突然視界が開けてグランド・スクエア（広場）に出る。「フリュー」の声が頭上から聞こえてくる。遺跡の基壇によじ上ると、皆は彼を取り囲んで説明を聞いていた。頭上には壮大な一号神殿が聳え立っている。正面から見れば右側面だ。高さは五一メートル。垂直に近い九層の急勾配で頂上に白い巨石の部屋が見える。かつて観光客が正面の急階段から転落死したため登攀《とうはん》は禁止だそうだ。

「マヤ文明」とされるこの地域では、一大帝国を形成せず。比較的狭い土地を掌握する小国家が群居していた。

ティカル遺跡。右は２号神殿（1号神殿と対座するノース・アクロポリス）、左はセントラル・アクロポリスの２～３階建ての建物群。支配者家族の住居跡だろう（700年頃）

その一つ「ティカル」は、紀元前三世紀頃からこの地を歴代王朝の拠点として石造建築が始まった。そして他の国と同様、戦争の勝利と敗北、繁栄と衰退を繰り返してきた。が、八世紀には、最後の繁栄の巨大な光芒を放つかのように、近隣諸国を従える強大な力を持つに至った。その興国の王ハサウ・チャン・カウィール一世の遺体は、先の時代の神殿に納められ、その神殿をすっぽりと覆い包むように新しい巨大な神殿が造られたのだった。これが一号神殿で、その地下からは、この王の遺体と豪華な翡翠《ひすい》などの副葬品の数々を納める墓室が発見された。この時期の巨大神殿はすべてこの王の方式に倣い二重の構造になっているという。

二号神殿　高さ三八メートル

一号神殿に向かい合うように高さ三八メートルの二号神殿が立つ。この神殿の裏側には頂上に至る木造の階段が造られていた。仲間はさっさと上って降りてくる。妻は上の方から「頑張って～」と叫んでいる。私は胃の摘出手術後とみに平衡感覚が鈍っている。木造の階段の隙間から、はるか下が見えるので足がすくむ。十段ほど上っては下へ降りる。妻は「もう二度と来られないで～」と上から檄を飛ばしてくる。思い返してまたチャレンジする。

その時後から、私の腰をしっかり支えてくれる手があった。ピースボートの引率の渡辺舞さんだ。うら若いきれいな女性だが腕の力は逞《たくま》しくがっしりしていた。彼女に支えられ三〇メートル余りを一気に上りきった。一号神殿の秀麗な姿が正面にあった。熱帯樹木の梢が目の前に広がっている。心地よい風が吹き上げてくる。右手には「ノース・アクロポリス」と呼ばれる建造群、左手には「セントラル・アクロポリス」と呼ばれる建造物複合が樹間を通して見える。

ティカル遺跡の正に中心部だ。「渡辺舞君ありがとう」。もう思い残すことはない。

2号神殿に登頂。正面右の木製階段を上る。緑の密林は壮観、涼風が渡ってくる

四号神殿　中南米で最高の七〇メートル

二号神殿から下りてさらに進むと、樹間に巨大な神殿の頂上が見え隠れする。四号神殿だ。頂上まで七〇メートル。中南米遺跡の中で最高の高さを誇る神殿だ。

四号神殿の麓《ふもと》の休憩所に辿り着くと、休憩していた仲間は最後の神殿登攀《とうはん》に立ち上がった。

四号神殿は石積みのあらゆる間隙《かんげき》から樹木が生え茂り神殿全体が一つの樹木の山になっていた。その木々を縫って木造の階段がついている。したがって二号神殿のように高さに脅えることはなかった。ただし樹木の上に聳《そび》え立つ頂上部分は高さに脅《おび》えた。石積みにすがり付くように腰かけた。

出発前に四号神殿の頂上部に腰かけている大勢の観光客の写真を見て、私は絶対に上れないだろうと諦めていたので、七〇メートルの神殿を極めたことは夢のようだった。地面から数十メートルに伸びている高木の梢を涼風がわたって来る。熱帯の小鳥たちの歌声が間断なく聞こえていた。

ティカルを含めマヤの遺跡は、九世紀に入ると突然衰退し、スペイン人の来寇《らいこう》を待たずに、遺跡はジャングルに呑み込まれていく。衰退の原因は不明とされている。

ティカル遺跡群

「一五一九年にアステカ帝国（メキシコ中央高原）はスペインのコルテスに」、「一五三二年にインカ帝国（現ペルー）はピサロに征服された」と世界史で習った。いずれも残虐非道、狡猾な手段であったという。

ユカタン半島のマヤ地域も十六世紀から十七世紀にかけてスペイン人により、小国家を巧みに対立させ、それを利用するなどして徐々に征服されていったのであろう。

グアテマラの現況

現在のグアテマラは、一千万人の人口の六割から七割が「先住民」であり、彼らは現在も、社会の最底辺で差別と貧困に苦しんでいるという。つまり一握りのスペイン系白人と、白人と先住民の混血の人たち（ラディーノ）が、先住民から取り上げた土地で大農園を経営し、強力な軍隊を擁して政治経済を支配し続けているのである。

一九六〇年から三十六年間の長きに亘り、政府軍と左翼ゲリラ（先住民の）との間で内戦があった。支配者たちは先住民の共同体を左翼ゲリラの温床だと憎悪し、二十万人に及ぶ大量虐殺を敢行した。被害者の九割はゲリラと無関係な先住民大衆であったという。

この殺戮《さつりく》の手先となって働いたのが、政府軍が組織した「先住民の自警団」であったため、「自警団」と呼ばれる先住民と、彼らに殺された肉親を身内に持つ先住民との間の溝は、深く大きく解決不可能な亀裂を生んでいるのである。

六月二十八日、ロサリナ・トゥユック氏（女性）が船内で講演された。両親、兄弟、夫が次々と行方不明となり虐殺死体で発見された。

内戦下の権力犯罪の追及を恐れて、地域の人望のある人物を狙ったこのような事件が、今も続いていることに暗然とせざるを得ない。

おわりに

今、ロシアのウクライナへの侵略は二年以上続き、崩壊した黒焦げの棟々や悲惨な戦場の様子を連日、テレビ映像で目にしております。一日も一刻も早く平和に！　と祈るばかりです。

私たちは、ピースボートでの地球一周の船旅の間、強制収容所など残酷な負の歴史と向き合い共感、共有し、改めて争いのない平和な未来へつなげていくことの大切さを、身に染みて感じました。私は中南米諸国については全く無知でした。国々の名前も位置も知りませんでした。

政情、そこに生きている人々、先住民、混血人、白人間の残酷極まる差別、貧困の問題など。私はオプショナルツアーの交流見聞コースに参加して初めて、歴史、教育、環境、平和（資源・エネルギー問題）について向き合い、目標を掲げて行動（inputからoutputへ）することの重要さを知りました。※註

※註　一例「スウェーデン・ストックホルムでは今」（船内新聞二〇一五年五月二十九日より）

北欧の国々は福祉・環境の分野で先進国といわれている。スウェーデン・ストックホルムでは二〇三〇年までに【世界で一番安全で清潔な街】をと、六つの目標を掲げて取り組んでいる。

【①環境に優しい交通機関】＝化石燃料を使用しない新技術や、持続可能な交通制度
【②危険な物質を使わない製品、建物】＝住宅には有害な物質を使わない
【③持続可能なエネルギーの利用】＝温室効果ガス削減のためエネルギー効率、再生可能エネルギー源の改善・高度なエネルギー効率によるコスト削減
【④土地と水の持続可能な使用】＝都市と自然の共生による魅力的都市
【⑤環境へ最小限の影響での産業廃棄物処理】＝廃棄物の量を減らし、リサイクルする割合を増す
【⑥健康的な室内環境】＝屋内環境（特に託児所、学校、病院など）で悪影響を受けている人々を減らす

―現在人口の三〇％が徒歩・自転車で通勤・通学、公共交通機関利用六一％。エコカーへの乗り換え推進、家庭ゴミ九五％再利用。新エネルギーと環境分野でのリーダー的存在として【二〇五〇年までに化石燃料を使わない】を目指して。

私たちは、二十四寄港地の中、イスラム教発祥の地サウジアラビアと、四千五百年の歴史と遺跡の残るエジプトの二港を特に楽しみにしていたのですが、

政情不安のため寄港することができませんでした。「スエズ運河」通航、デンマークの「フォルケ・ホイスコーレ（学校）」訪問、「ヴェネズエラの学校」訪問、「パナマ運河」通航、「アリゾナ記念館（真珠湾見学センター）」見学などは、単なる観光ツアーでは得ることのできない印象に残ったところです。

ともあれ、病後で80歳過ぎの夫が、ピースボートの引率の方（若い女性）の力強い腕に「サッと」支えられ、三時間三十分余徒歩で「複合世界遺産ティカル遺跡」を極めることができました時に「夢のようだ、もう思い残すことはない」と発した言葉や、「ピースボートの乗員乗客の方々、訪問先国の人々の温かい支え」に感動と余韻をもって、この「地球一周の船旅」を全うすることができましたことに心より感謝しております。

この本の出版にあたりまして、サンライズ出版の矢島様には大へんお世話になりました。厚くお礼を申し上げます。

編者　渓　久

■著者略歴

溪　逸哉（たに・いつや）

1934年（昭和９）　滋賀県甲賀市信楽町に生まれる。

1995年（平成４）　滋賀県立石山高等学校校長を最後に定年退職。その後、滋賀県立体育館長、佛教大学・滋賀大学教育学部講師、民生児童委員などを務める。

2019年（平成31）　１月逝く。

■著書

『ある教師の提言　―残された数々の言の葉―』（牧歌舎、2020年）

地球一周してみたら　聞こえた大自然と人々の鼓動

2024年３月31日　初版　第１刷発行

著　者　溪《たに》　逸《いつ》哉《や》
編　者　溪　久《ひさ》
〒520-2153 滋賀県大津市一里山４-17-19

発行者　岩 根 順 子
発行所　サンライズ出版
〒522-0004 滋賀県彦根市鳥居本町655-1
電話 0749-22-0627　FAX 0749-23-7720

印刷・製本　サンライズ出版株式会社

ISBN978-4-88325-806-2 C0026　Printed in Japan
定価はカバーに表示しています。乱丁・落丁本はお取り替えいたします。